柴剑虹 著

敦煌学十讲

浙江古籍出版社

图书在版编目（CIP）数据

敦煌学十讲 / 柴剑虹著 . —— 杭州 : 浙江古籍出版社 , 2023.3

ISBN 978-7-5540-2525-3

Ⅰ . ①敦… Ⅱ . ①柴… Ⅲ . ①敦煌学—文集 Ⅳ . ① K870.6-53

中国国家版本馆 CIP 数据核字（2023）第 034660 号

敦煌学十讲

柴剑虹　著

出版发行	浙江古籍出版社
	（杭州体育场路 347 号　电话：0571-85068292）
网　　址	https://zjgj.zjcbcm.com
责任编辑	张　莹
封面设计	吴思璐
责任校对	张顺洁
责任印务	楼浩凯
照　　排	浙江时代出版服务有限公司
印　　刷	浙江全能工艺美术印刷有限公司
开　　本	880mm×1230mm　1/32
印　　张	6.75
字　　数	120 千字
版　　次	2023 年 3 月第 1 版
印　　次	2023 年 3 月第 1 次印刷
书　　号	ISBN 978-7-5540-2525-3
定　　价	68.00 元

前 言
PREFACE

我与丝路敦煌学

　　我曾为收入"浙江学者丝路敦煌学术书系"的拙著《丝绸之路与敦煌学》写过一篇同题的"代前言"，现在略加删改作为本书"前言"。

　　我从小生长在秀丽的杭州西子湖畔，与大漠孤烟、戈壁绿洲的丝路"咽喉"敦煌相隔万里，究竟因何结缘，是我长期以来不断思考的一个问题。

　　1949年9月，刚满5周岁不久的我背着书包到离家很近（直线距离200多米）的一所小学上学。学校就在当时已经不再开放的昭庆寺侧门的一个院落内，老百姓均称之为昭庆寺小学，其正式校名为"私立普化小学"——普化者，可以有"普度众生"

和"普及文化"的双重含义。其实，按中国的传统教育体制来分类，这本来可能是区别于公立（官办）、民办（私立）的一所"寺学"学校。因为当时我父母亲都在外地工作，我随着信佛的祖母生活，送到附设于已关闭寺院的小学读书，就很自然了。我的印象，校舍小而简陋，学生也不多，初小几个年级的孩子常常合并挤在一个教室里上课，称为"复式班"。上、下课除了校工摇铃外，还可以听悬挂在教室旁的撞钟声。琅琅书声伴着洪亮的梵钟声回旋在寺院旁，也冲击着幼小的心灵。也许就从那时起，此生开始与佛教文化结缘。当时的小学校长叫李家应，我模模糊糊只记得是一位短发的中年妇女。在我一直保存的初小、高小的毕业证书上，都有她的签名。最近我才知道，她原来是位"民国传奇女子"：她是大名鼎鼎的画家徐悲鸿先生挚爱的孙多慈女史的同窗密友，早年毕业于南京中央大学社会系，抗战时期参加筹建战时儿童保育会浙江分会，担任第一保育院院长，胜利后曾获国民政府颁发的抗战胜利勋章。杭州解放后，她被派往浙江干校学习，后在杭州佛教会任干事，大约也同时兼任我们的小学校长。据说李校长1958年转入杭州佛教协会下属的一家工厂工作，1960年因病去世，刚满50岁，也是英年早逝。普化小学之后的校长是谁，我不清楚。普化小学后来也搬迁至临近的宝石山下一个弄堂里，改名断桥小学；昭庆寺则改

▲ 莫高窟

建为杭州市少年宫。但这些年我回家乡暂住时还总要到学校的原校址看看，仿佛觉得自己与昭庆寺小学的缘分始终存在。

我小学毕业后考到杭州一中（杭高）读书。学校的前身是养正书塾与浙江两级师范学堂，这所在19世纪末维新思潮背景中兴办、发展的新式学府，历届师生中文化名人、科学家、政治人物辈出，被称为"浙江新文化运动的中心"，是"名家大师曾经驻足守望的驿站，仁人志士、文化名流启航的港湾，科技精英、中外院士成长的摇篮"。在我上学的六年中，给我印象最深的是数学家崔东伯老校长每次在全校大会上都要强调的"继承发扬杭高的传统"，感受最切的是一大批优秀教师深厚的中外文化修养与爱国情结，以及丰富多彩的校园文化活动。

记得在 1959 年的六十周年校庆纪念会上，在观赏了洪雪飞学姐精彩演出的同时，我知道了李叔同曾经是学校的音乐、图画教师，戏剧演艺精湛，还培养了杰出的画家丰子恺先生。李叔同后来出家入佛门，成为在佛教界影响深远的律宗大师（弘一法师）。尽管那六年里政治运动不断，但杭高注重基础知识教学与良好的人文环境、文化氛围，使我终生得益。

1961 年秋我进入北京师范大学中文系学习。当时师大的培养目标十分明确：合格的中学教师。学校名师汇聚，学术氛围很好。著名历史学家陈垣老校长的学问举世瞩目，无需说他对佛教与其他宗教的研究贡献至巨，也无需说他主持编写的《敦煌劫余录》在敦煌学史的地位无可撼动，更为重要的是在他扶助与教育下的启功先生，后来成为我从事中国古代文学与敦煌学研究的恩师；教育家陶行知的学生程今吾到校任党委书记后，还特别重视抓学生的写作训练，规定文、理科学生都必须写作过关。当时中文系里黎锦熙、钟敬文、刘盼遂、黄药眠、李长之、陆宗达、俞敏、萧璋等许多名教授都是我们的学术楷模，为我们年级授课的郭预衡、杨敏如、邓魁英、辛志贤、谭得伶、陈子艾、童庆炳、程正民、韩兆琦、张之强、刘锡庆等优秀中青年教师，也都重视学生的基本功训练，强调教学相长与科研并举，提倡创新精神，为我们的学业付出了许多心血。

大学毕业时，"文化大革命"兴起，我志愿到新疆当教师。乌鲁木齐任教 10 年，锻炼心志，专心育人，也成就了我的西域情结，并为日后敦煌吐鲁番学的研究创造了条件。1978 年考回母校读研究生，1980 年我开始准备唐代边塞诗研究的学位论文，初涉敦煌吐鲁番资料，得到启功、邓魁英先生的精心指导。1981 年底启功先生推荐我进中华书局做编辑，在文学编辑室担任《敦煌遗书论文集》《敦煌文学作品选》《敦煌遗书总目索引》（修订重印本）等书的责任编辑。1982 年参加敦煌文学座谈会，第一次提交敦煌学专题论文，得到前辈鼓励；1983 年出席全国敦煌学学术讨论会暨中国敦煌吐鲁番学会成立大会，成为该会第一批会员，在季羡林、周绍良、宁可、程毅中等先生带领下开展敦煌学研究，后来又长期协助会长、副会长负责学会秘书处的工作，在为学会成员服务的同时，也得以不断拓展学术视野，不断加强与国内外敦煌学家的联系。1987 年后担任《文史知识》编辑部的主任，带领编辑室同事一道筹办了"敦煌学专号"。1991 年 5 月，学会派我和沙知、齐陈骏两位教授到列宁格勒（圣彼得堡）查访俄藏敦煌文献，开始涉猎俄藏敦煌、黑城文献。1993 年夏，我和书局总经理邓经元应邀访问设于巴黎的敦煌研究小组，1997 年又应邀到法兰西学院汉学所演讲敦煌学术。1997 年底，我在中华书局成立了全国出版界第一个汉学编辑室，与一些年轻编辑一起，在原先所出"中外关系史名著译丛""法国敦煌学名著译丛"等译著的基础上，又编辑出版了"世界汉学论丛""法国汉学""日本中国学文萃"等一批汉学论著，得到学术界的关注与肯定。2003年，敦煌学国际联络委员会在日本京都成立，我作为第一批四名中国干事之一，也为敦煌学研究的国际协调与合作做了些工作。至今，我从书局正式退休已经17年，几年前已离任敦煌吐鲁番学会副会长兼秘书长以及中国敦煌石窟保护研究基金会副理事长的职务，但相关的文化普及、学术研究、编辑出版工作都还在继续进行着。30多年来，我多少次到敦煌考察学习已经记不太清了；曾应邀在大陆与台湾地区、香港地区的几十所大学及研究机构、图书馆、博物馆、美术馆做敦煌学演讲，本书所收的10篇文章，即是从这些演讲中整理选编的。这些年来，我已15次访问巴黎，五上圣彼得堡，六赴京都，也到英国、德国、韩国参加过敦煌文化艺术的学术研讨，又曾去斯里兰卡参加佛教艺术论坛和考察，与广大的敦煌文化爱好者及敦煌学家、汉学家进行了频繁而卓有成效的交流。几十年来的实践，使我深深体会到季羡林先生提出的"敦煌在中国，敦煌学在世界"确是十分精当的不刊之论。

写到这里，似乎还应述及我和"丝绸之路"的"因缘"。众所周知，敦煌位于丝绸之路的"咽喉之地"，特殊的地理环境、人文背景，造就了这个"华戎所交，一大都会"光辉灿烂的文化艺术宝库，也形成发展了"世界学术之新潮流"——敦煌学。隋唐时期，从敦煌西出玉门关、阳关西行，丝绸之路分为南、北、中三道穿行西域。1979年夏，我因研究唐代边塞诗的需要，到新疆北庭故城踏查，又接触了回鹘佛寺（西大寺）的发掘工作；第二年夏，我第一次到古龟兹地区库车的库木吐拉石窟考察，又身临奇险雄伟的铁门关。通过两次实地考察，在原有十年新疆生活的基础上，我开始领略古丝路上丰富深厚的文化内涵，也逐渐加深了与丝绸之路的缘分。1982年夏，我在兰州参加敦煌文学座谈会后，乘火车、卡车到了敦煌，得以第一次观瞻艺术宝库莫高窟。自此，我的学习、工作、生活无不与丝绸之路，与敦煌密切相关。丝绸之路与丝绸密不可分。我与丝绸的缘分也不能割舍。我父亲柴焕锦（1913—1996）早年毕业于浙江省高级蚕桑学校（省丝绸工学院、浙江理工大学前身）制丝系，作为著名的丝绸工艺专家，为我国丝绸技术的进步、发展与丝绸品种的改良及创新耗费了一生心血。他对丝绸的钟情，对丝绸技术的潜心研究，对发展新疆和田地区丝绸生产的关切，也给我以潜移默化的影响。我从小时候课余时间的植桑养蚕，到近几年《丝绸与飞天》《说"天衣"》《壁画丝踪》等文章的撰写，无不与父亲的熏陶与教诲有关。

其实，前面所述恐怕还只是"缘"，即事物生成的辅助条件，或曰"外部条件"（哲学家称之为"外果"）。真正的"内因"何在？我自己还说不很清楚。我想，作为一个浙江籍的学人，还应该不局限于个人的身世，而需要联结从 19 到 20 世纪的浙江及全国的人文背景，特别是一批浙江前辈学者的政治与学术思潮，去认真探究浙江学人与遥隔万里的丝路敦煌的关联。这也是我若干年前在《浙藏敦煌文献》出版之际提出"浙江与敦煌学"这个命题的原因。

就我个人而言，诚如我多年前在拙著《敦煌学人和书丛谈》的"学术自述"里所重申的："即便我忝列敦煌学研究队伍已经 30 余年，我自觉至今尚未真正进入敦煌学庄严的学术殿堂。"近期承蒙浙江古籍出版社钱之江总编所邀，根据图文并重的要求，将十篇演讲稿文字配插图编成本书，希冀能继续对丝路及敦煌学文化的普及工作有所帮助，亦诚望广大读者批评指正。

2021 年 9 月 26 日

目 录
CONTENTS

敦煌文化遗产的
人文环境和文化特性

1987 年列入"世界文化遗产名录"的敦煌莫高窟，留存于今最珍贵的文物是以石窟壁画与彩塑为代表的艺术品及藏经洞所出古代文献。它们是世界敦煌学研究的主要对象。在敦煌学已走过百年历程的今天，从总体上把握敦煌文化遗产的人文环境，将有助于进一步开掘这些珍贵文物的历史文化内涵，有助于真正把握这些艺术品与文献的文化特性，有助于推进文化交流互鉴，增强我们在新时代的文化自信。

一　人文环境

什么叫"人文"？首先看我们传统文化的典籍中是怎么讲的。《周易》曰："文明以止，人文也。观乎天文，以察时变；观乎人文，以化成天下。"指明"天文"是讲四时变化、讲天体、讲地球和宇宙的关系；"人文"则应该是讲人和社会的关系。宋代理学家程颢也说："人文，人之道也。"《现代汉语词典》解释"人文"是指"人类社会的各种文化现象"。而《不列颠百科全书》说"人文主义"是"高度重视人和人的价值观的一种思想态度"。我们过去比较忌讳谈"人文主义"，因为牵涉到人的价值问题、人性问题等等，其实大可不必。

我们今天要讲敦煌的人文环境。敦煌的这些艺术珍宝，是人所创造的，不是天上掉下来的，也不是地下突然冒出来的。这跟人的创造力、人的鉴赏力有密切的关系。人要创造这些艺术品，一定要有一个环境、一个背景、一些物质基础，没有这些，艺术品不可能被创作出来。中国敦煌吐鲁番学会的老会长季羡林先生曾经写过这样一句话："世界上历史悠久，地域广阔，自成体系，影响深远的文化体系只有四个：中国、印度、希腊、伊斯兰。而这四个文化体系汇流的地方只有一个，这就是中国的敦煌和新疆地区。"这就说明，敦煌是几大文化体系交流互鉴的地方。

丝绸之路从洛阳、长安出发，经过河西走廊，到了沙州敦煌这个地方，分成北道、中道、南道三条道路通往西域，这三条道路应该是在隋代最终形成。讲到隋代，大家知道隋炀帝挨骂名很多，荒淫无耻、下江南、造龙舟等等。但是鲜为人知的是：从秦始皇到清宣统帝，在中国 2000 多年期间的皇帝里面，只有一个隋炀帝杨广，不是为了战争的目的跑到中国的西部地区。在公元 7 世纪初，隋炀帝就开始经略西域。先派了吏部侍郎裴矩去联络伊吾（治今新疆哈密）的地方政权。大业五年（609），在张掖开了一个非常有名的"二十七国通商大会"。在座看过《丝路花雨》这个舞剧的就会了解，该舞剧的背景一开始就是二十七国贸易大会，类似我们后来的"文化搭台、经济唱戏"模式。有人说这是最早的世贸大会，当然这个比喻不一定准确。"二十七国通商大会"是以经济贸易为目的，很多国家的商人都来了，据史籍记载，在搞贸易的同时，中亚、印度、西域、中原各种文化艺术（音乐、舞蹈、杂技等）都在这里展示交流。后来，隋炀帝又把一位公主嫁给了高昌王。从伊吾到高昌，隋朝就把它控制在自己的管辖范围里。隋朝裴矩的《西域图记》的序中记载："发自敦煌，至于西海，凡为三道，各有襟带"，"故知伊吾、高昌、鄯善，并西域之门户也。总凑敦煌，其是咽喉之地"。大意是说，丝绸之路进入西域、返回中原有三个门户：北边的伊吾（治今新疆哈密）；中间的高昌（治今新疆吐鲁番）；南边的鄯善（古楼兰一带）。这三个门户，总的汇通敦煌。敦煌处于恰如人的咽喉这样的关键位置。

这里展示一张我拍摄的三危山照片（图1-1），我称之为"充满神秘的三危山"，为什么？在古籍《山海经》里面就有描写，传说三危山有三个峰尖，有三只青鸟蹲在山顶上，作为西王母

◀ 图 1-1
三危山远眺

的使节传达信息。围绕着三危山、西王母，先秦时期中国西部和中原就有很多的交往，后来不管称之为玉石之路也好、青铜之路也好，说明很早的时候，中原和昆仑地区就有很多的交往。三危山正是神话里面一个很重要的地方，鸣沙山莫高窟正对着的就是三危山。

下面我们分几个方面来讲敦煌的人文环境。

二　敦煌人文环境与
　　自然地理环境的依存关系

敦煌是比较内陆的地方，人们说它是"戈壁绿洲"，气候很干燥。据测量在 20 世纪 40 年代末，每年的降水量大概只有40 多毫米，但是蒸发量达 2000 多毫米，下得少，蒸发得多，当然就很干旱了。这是比较特殊的地理环境，据前些年的测算，大概在 2001—2003 年，敦煌的降水量急剧下降，最低的时候莫高窟每年的雨水只有 23 毫米左右。

敦煌，自十六国前凉时期（318—376）起置称沙州，南面是祁连山，古代称南山。这个南山和野马山都有海拔 5000 多米的高峰。敦煌有一条大河叫做宕河（或称大泉），那时候叫甘泉水，甘泉河水即源于祁连山融化的积雪。因气候变化，现在祁连山的雪峰似不太明显了。敦煌还有汉长城遗址和两个大关：北边是玉门关，南边是阳关。古时候出了阳关、玉门关，就等于出塞赴边了。除了甘泉水，敦煌还有北边的疏勒河，现在基本上已经干涸；东北边还有古代大泽，还有一些大的自然湖泊；西边是白龙堆沙漠，看过法显、玄奘取经的传记就知道，白龙堆是十分凶险的沙漠："沙河中多有恶鬼、热风，遇则皆死，无一全者，上无飞鸟，下无走兽……唯以死人枯骨为标识耳。"经行那里十有八九要死在里面，所以玄奘走过白龙堆沙漠到印度取经确实不易。

敦煌绿洲在汉代的时候"多水草，易畜牧"，是一个以畜牧为主的地区。汉代以前在那里居住的居民汉人比较少，后因为汉武帝开发西域的时候，有大量的士兵到那边屯垦戍边，后来又迁了一部分内地的老百姓去敦煌，在敦煌居住的人开始变多，并且有较多从中原来的汉族民众在那里进行经营开发。为了防止匈奴入侵，就开始修筑长城，现在敦煌附近还残存汉代长城的遗址（图1-2）。

这个长城遗迹已经2000多年了，能保存下来，很不容易。那个地方干旱，风很大，经过不断的剥蚀，现在城墙已经残存

图 1-2 ▶
敦煌附近的汉
代长城遗迹

很少了。从一些细部的照片，可以看到汉代长城修筑的肌理，
系一层土、一层草夯筑而成，这样这个长城才能造得结实一点。
这些草除了有当地的红柳、芦苇外，还有遍地生长的芨芨草、
骆驼刺等。长城基本上沿着疏勒河修筑，当时疏勒河的芦苇非
常茂盛，据当地发现的汉代长城简牍里面的记载，当时的士兵
为了修筑长城，天天去割草，一天最多割 40 多万捆，一个士兵
平均要割 50 多捆。现在我们在玉门关看到的芦苇似乎比较纤细，
因为缺水了。筑长城就是为了御外敌入侵，也应有阻挡风沙的
作用，搞经营开发，当时光靠畜牧是养不活士兵的，要搞农业，
在那里屯垦戍边，种粮食，这样士兵才有饭吃。汉代屯垦戍边
以前，敦煌的自然环境是"地广人稀，水草宜畜牧"，这样一
个自然环境，说明汉代在那里开发，是有一定的条件的。

◀ 图 1-3
莫高窟第 249 窟
野猪（西魏）

图 1-3 是莫高窟第 249 窟壁画里的一幅野猪的图像，前面是一头大野猪，旁边跟着五六头小野猪。这正形象地反映了当时当地的自然环境。我当时选这个图像是为什么呢？大家如果研究过世界艺术史就可以知道，在欧洲发现山洞岩壁上面有野猪等动物的图像，有些欧洲人很骄傲地认为他们史前时期的绘画水平很高。我到法国巴黎去讲敦煌学，展示了这幅敦煌野猪图，跟他们说莫高窟的野猪比你们的画得好。当然技法不同，时代也晚些，这也是开个玩笑了。

敦煌出土的汉简中也有关于粮仓的记载，反映出当时的粟、麦等粮食生产也有一定的规模。如果今天去参观敦煌，可以到锁阳城遗址看看，那里保存了最完好的古代农田水利灌溉系统，也是当时的粮仓。公元前111年，汉朝增设了张掖和敦煌两个郡，连着原来的武威和酒泉，史称河西四郡，即《汉书·西域志》上讲的"列四郡，据两关"，两关就是阳关和玉门关。以上是当时敦煌的自然地理环境的情况，居民有了赖以生活的自然环境，才有了艺术创作的可能性。

三　敦煌的居民特点

敦煌的居民有什么特点？人是人文环境的核心，没有人，谈不上人文环境。汉代以后，敦煌的居民主要由原住民和移民构成。但是原住民比较少，移民是大量的，所以我们说敦煌是一个移民社会。移民社会和多民族聚居是当时敦煌居民的两大特点。到唐代的时候，敦煌有羌、汉、粟特等民族的居民。粟特是商业民族，它的流动率很高。唐代的时候敦煌有13乡，有一个称为从化乡的是粟特人集中居住地。还有回纥人，就是现在维吾尔族的先民；还有吐蕃人，就是藏族先民，我们从莫高窟藏经洞所出的写卷里得知还有西夏人，甚至有朝鲜、印度、波斯人等等。沙州敦煌这么一个不大的地域，有那么多民族的人在那里居住，所以是多民族聚居的。

汉族人迁徙敦煌的情况，据史籍记载，汉武帝元封六年（前105），"敦煌郡，徙民以实之"，就是把内地的老百姓迁来充实敦煌的人口。到了西晋的时候，发动淝水之战的苻坚，在建元之末（385），"徙江汉之人万余户于敦煌，中州人有田畴不辟者，亦徙七千余户"。当时敦煌有多少人呢？据统计，这17000多户，估计有3万多人，即最少有3万多汉人过来了，这是什么原因？那时候主要是内地有战乱，很多世家大族得不到安宁，就大量移民到这里来定居。古时世家大族传承文化，很多儒家的学者也跟着过来了。那么多人过来，敦煌安置不下，最后没有办法，就把一些人又迁到酒泉、张掖去了。这是一次大移民。内地的移民，特别是世家大族到敦煌以后，把传统文化带过来了，尤其是把儒家文化带来了，这些世家大族的人建学校，办私塾。私塾办的规模比较大。据记载，当时有人要带1000多个弟子，少一些的也有500个学生。于是开讲席，讲儒学。儒家文化开始在敦煌盛行，敦煌也出了很多有名的人物。如古代两个鼎鼎大名的书法家张芝、索靖就是敦煌人，张家、索家本来也都是从内地迁徙过来的。

《晋书》里面讲到，十六国时期西凉开国国君李暠曾任沙州刺史兼敦煌太守，他后来要他的儿子留在敦煌，告诫他儿子说：敦煌"此郡世笃忠厚，人物敦雅，天下全盛时，海内犹称之，况复今日，实是名邦"。当时的敦煌并不是我们今天看到的西北小城的概念，敦煌在西晋的时候，凭借文化、人口、经济的发展，已经成为全国有名的城市，这是很了不起的。

莫高窟藏经洞文献里有一个唐《贞观姓氏志》写本，里面记录这些人老家是哪里，哪些姓氏是从哪儿迁来的，有比较详细的记载，写明敦煌的很多姓氏都是内地的世家大族，他们迁徙到敦煌来生活、传播文化。

这是我们讲到的敦煌居民的特点，一个移民社会，一个多民族聚居的社会，这样也就使多种文化在敦煌这个地方得到交融展示。认识这一点，有助于我们欣赏敦煌的壁画、彩塑，把握和理解其丰富的文化内涵。

四　敦煌的水利建设和
　　农牧业的生产发展

刚才讲到，汉代屯垦戍边对自然资源做了一些利用，当时主要是为了生存，到了魏晋的时候进行开发。魏晋时期，大量的士族迁徙过来，一方面传播文化，另一方面要搞生产。敦煌的地理环境、自然条件并不是很好，缺水干旱。在史籍《三国志》里记载："嘉平中，安定皇甫隆代基为太守。初，敦煌不甚晓田，常灌溉滀水，使极濡洽，然后乃耕。又不晓作耧犁、用水，及种，人牛功力既费，而收谷更少。隆到，教作耧犁，又教衍溉，岁终率计，其所省庸力过半，得谷加五。"意思是说太守皇甫隆去之前，敦煌种田，要用大水漫灌后耕作，不知道用耧犁、衍溉之法。皇甫隆到任后做了两件事情：一个就是把中原的二牛抬杠犁地引到敦煌，传播深耕。所以我们看敦煌壁画有很多图画是二牛抬杠，就是当时农耕生活的反映（图1-4、图1-5）；另一件事是推行衍溉，也就是毛细灌溉法，大大节省了用水。到年终的时候，约略计算一下，要节省一半的劳动力，收获的粮食要增加50%。这个50%很了不得，老百姓的余粮多了，就可以做很多其他事情。

◀ 图1-4

榆林窟第25窟弥勒经变中耕作图（中唐）

图 1-5 ▶
莫高窟第 61 窟经变
画中农作图（五代）

宋初人编的类书《太平广记》中注引《东城老父传》记载："燉煌道，岁屯田，实边食，余粟转输灵州，漕下黄河，入太原仓，备关中凶年。"[①] 关中如果闹饥荒要吃哪里的粮食？要吃敦煌经宁夏通过黄河漕运到太原粮仓的余粮。据史籍统计，唐代开元年间敦煌人口为 25864 人，天宝初年 32234 人，天宝末年 16250 人，吐蕃占领时期 25380 人，归义军初期 15196 人，归义军晚期达 45000 人。大家想，45000 人吃饭的粮食是绰绰有余的。有一次我去敦煌刚好碰到敦煌市的市长，我问他现在敦煌有多少人，他说 197000 人，我问现在你们吃的粮食是哪里的，他说都是外地运来的。现在的地，现在的水，主要用于栽种棉花、水果类作物了。

水利是农业的命脉，敦煌始于曹魏时期在农田水利上的改

① 《太平广记》卷 485，中华书局，1961 年，第 3994 页。

革，一直延续发展到唐代。唐代敦煌的水利建设可以说是更上一层楼，主要形成了以甘泉水为中心的灌溉系统，干渠、支渠和毛渠纵横交错。根据藏经洞所出写卷内容，敦煌研究院李正宇研究员统计，到唐代的时候，敦煌的水渠总长度达到了350千米，可以灌溉大量的农田。藏经洞所出 P.5007 卷《咏敦煌诗》这样歌咏归义军时期的敦煌：

> 万顷平田四畔沙，汉朝城垒属蕃家。
>
> 歌谣再复归唐国，道舞春风杨柳花。
>
> 仕女尚梳天宝髻，水流依旧种桑麻。
>
> 雄军往往施鼙鼓，斗将徒劳猃狁夸。

我做了一个统计，天宝初年敦煌沙州城 6395 户，32234 人，土地 307148 亩，人均 11 亩多。这是什么概念？我是杭州人，我知道 20 世纪五六十年代时浙江是一个农业大省，人均耕地是 1 亩多，敦煌当时是 11 亩多，其中城区 12 个乡，耕地 282281 亩，实际上种地也是绿化，它占城区面积的 71%，从春季到秋季，整个敦煌区 71% 是绿的。这在今天的城市中也是很罕见的！

这是莫高窟藏经洞里面的一幅图（图 1-6）。刚才不是说了敦煌种桑麻吗，看这个妇女的形象，她上身穿的衣服，质感非

图 1-6 ▶

莫高窟第 17 窟壁画（局部）

常好，我推测即是丝绸服装。我们过去看敦煌壁画，对服饰也会有很多的兴趣，但是对它的质地、图案关注得不够。我觉得如果要与敦煌当地的一些生产联系起来，对有些壁画也许会有些新的认识。

图 1-7 是在敦煌博物馆藏的《占云气图》。它有什么意义呢？它通过彩色的绘画，加文字解释，说明天上出现某个云的时候可能要发生的一些事情，比如天气、人事变化等等，这里包含社会生活经验的总结，不完全是迷信。这对敦煌地区来讲是非常重要的。就像 2011 年 6 月 16 日敦煌的大雨谁都没有预算到，气象台也没有预报到这样的大雨，历史上这样的灾害是很多的，

▲ 图 1-7

敦煌博物馆藏《占云气图》残卷

▲ 图 1-8

莫高窟第 130 窟弥勒大佛

敦煌每年有 2—3 次风灾，风很大。1988 年我有一次带着《文史知识》杂志几位编辑走在通往莫高窟的路上，突起大风，根本没有地方躲，碗口粗的树枝都刮断了。为了解决这个问题，当时古人运用他们的智慧，当然也包含一些猜测，一些迷信，做了这个预测图。这个现在似乎还没有人很好地去深入研究。

图 1-8 是盛唐时期的大佛像，是弥勒佛像。唐代武则天女皇宣称她是弥勒下凡，所以她下令在全国塑造了很多弥勒像。有人说，这是以武则天为模特的造像。有一次我就对山西的同事开玩笑（因为武则天是山西文水人），我说你们山西女人是长这样吗，他说当然不是，这是美化的。但是说明了武则天要借助佛教神化她自己，在莫高窟也会有体现。当然，武则天恐怕没有想到这种造巨窟建大像对自然资源的消耗。唐代的时候

敦煌有泉、有湖泊、有水池，自然环境比今天我们所看到的要好得多。但是，在开发的同时，当然也有破坏。从北凉到北魏，敦煌、酒泉地区已经出现了生态环境的问题，土地大量沙化，人口急剧减少，最少的时候减少到只有 16000 人左右。到了晚唐五代，一些统治者，有权有钱有势的人，大量地开窟造像。我们根据敦煌遗存的《李克让碑》记载，当时莫高窟有 1000 多个洞窟，还有寺院 17 所，百余处兰若、佛堂及其他寺观。藏经洞所出《敦煌录》写本就记载："古寺僧舍绝多……每窟动计费税百万，前设楼阁数层，有大像堂殿，其像高 160 尺。其小窟无数，悉有虚槛通连。"宋乾德四年（966），敦煌归义军第四任节度使曹元忠建一个大窟，用了木匠 56 人到祁连山原始森林去伐木；这样的砍伐造成什么后果呢？祁连山大量的森林被毁，水土流失，我们知道那个时候也有暴雨，造成整个寿昌城被冲毁，被淹没。有的考古学家认为，阳关关城很可能也是被洪水冲毁的，原址应该在现在的古董滩的某一处。这是一个大损失。所以说建设的同时，有时候又带来一些破坏。还有，吐蕃人占领敦煌的时候，他们继续大量造窟，因为他们也崇信佛教。另一方面，当时在农业上有一个新的现象出现了，即吐蕃占领时期，敦煌有了水稻，种水稻要有水，敦煌本身缺水。吐蕃占领时期有水稻说明什么？首先，这是文化的交流，敦煌地区原本没有水稻，也是从中原地区传入的；第二，自然环境需要改善，有水才能种水稻。在明代以后，由于朝廷管理内缩到嘉峪关以里，嘉峪关以西都不管，鞭长莫及，所以敦煌就荒废了。

清朝继续经营西域。雍正时期（1723—1735），从内地迁了很多人到敦煌屯垦戍边，人口快速增长，植被也开始恢复了。到雍正后期，安西到榆林这一带形成了200多公里的天然林带。一直到20世纪40年代，向达先生去考察的时候，还有大量的绿化林带，敦煌周边有198万亩可种植的土地。但是，很可惜，20世纪50年代后期搞"大跃进"，大量开垦农田，出现了水土失衡的问题。40年代向达先生考察时见到的杨树没有了。20世纪50年代初敦煌周边三个林区有119.7万亩红柳、沙枣、胡杨林，到50年代后期只剩下不到20万亩，就是说将近100万亩林地没有了。

五　敦煌人口

我根据文献资料画了一张敦煌历代人口变化表（表1-1）：敦煌在汉代的时候不到2万人，后来汉武帝经营了以后，达到

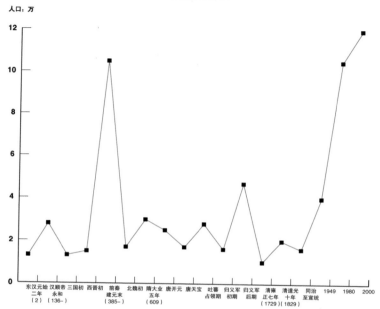

了 3 万人，到了三国、晋代，大量的移民移到敦煌以后，最多的时候达到 11 万人口，加上大量的土地沙化，由于养不活又外迁，数量马上就下降了，又只剩下 1 万多人。从唐代开始，恢复到大概 3 万多人，到了归义军后期将近 4.5 万人。到清雍正时期，大概有 4 万多人。到 20 世纪末，发展到 11 万多人。现在（21

世纪初）是 19.7 万人。

人口的变化说明什么问题呢？我们讲人文，人是核心。敦煌当年当地的农牧民、寺院僧尼、商人等住户，还有一部分造窟的工匠、画匠、画师等，这些人加起来，如果是 3—4 万人，敦煌的粮食不但绰绰有余，还可以运到关中去备饥荒。但是如果到了十几万人以上，敦煌就不可能养活自己。莫高窟不断建窟，有那么多人去画壁画、去雕塑，是因为它有经济基础，能够吃得饱饭，能够穿得暖衣服，当然还有其他一些条件。

六 敦煌的岁时节日文化

什么是岁时节日文化？我国农历二十四节气，与农时、居民生活息息相关，产生很多节庆日，如清明、端午、中秋等，到每个岁时节庆的时候要举行很多的民俗活动，这些民俗活动都是有文化内涵的。敦煌多民族的民俗文化活动更加丰富和频繁。有研究者做了一个大概的统计，从春节大年初一到岁末除夕，敦煌当地要举行的大的节庆活动不下 40 次，平均一个月至少 3 次以上，有的月份可能有 5—6 次活动。这是大的活动，小的活动还要多。下面是敦煌研究院谭婵雪研究员统计的半年里的敦煌节庆活动概览（另外六个月也有几十项活动）：

正月：履端之庆、桃符题辞、岁祭拜、踏舞、安伞旋城、印沙脱佛脱塔、立春祀、上元燃灯、祭风伯、赛天王、赛祆、赛金鞍山神等。

二月：二月八日法会讲经、行像、二月十五佛忌日、释奠祭先师、祭社稷、马祖祭等。

三月：上祀袚褉、寒食、清明、祭川原、祭雨师等。

四月：佛诞、僧寺结制、驼马入草赛神、赛马毬、相扑、结葡萄赛神、赛青苗、赛金鞍山神等。

五月：端午登鸣沙山滑沙、赛驼马神、仲夏雩祀等。

八月：点天灸、仲秋佛事、赛张女郎神、马羊赛神、网鹰、赛社、赛青雷等。

敦煌的节庆不仅与佛教文化相关，还有道教的文化内容，还有国外传来的文化信仰，一些宗教信仰文化可以通过岁时节庆活动反映出来。如一月份"赛祆"是粟特人的传统，粟特人信祆教（琐罗亚斯德教），崇拜祆神，在藏经洞发现的写卷中就有祆神的形象（图1-9）。这些岁时节庆活动的记载，在藏经

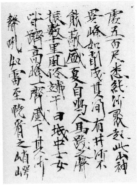

▲ 图 1-9

祆神图

▲ 图 1-10

S.5448 号《敦煌录》残卷

洞的文献里都有。我们可以看到，在唐、五代的时候，敦煌的老百姓是怎样举行这些活动的。例如说敦煌当时有一个女人社，会进行踢毽子、跳绳、拔河、踏青、跳舞等文体活动。举办这些活动都要有经费，经费不是摊钱而是出食物，各家出油、出米面等等，大家凑份子来举办文体活动。说明这是有经济基础的，如果吃不饱、穿不暖，哪有余物来进行活动呢？节庆日多、文化活动频繁，也是经济状况较好的表现。

又如我们从《敦煌录》残卷中还可以看到在敦煌举行滑沙活动的记载（图 1-10）。到了端午节这一天，城中男女一起出动，爬上鸣沙山去滑沙，会发出很响的声音。前些年，敦煌还专门组织学生去鸣沙山重温了滑沙运动，用了专门的测试设备，测试出鸣沙的声响有80多分贝，确实有很大的响声。现在有些游人的滑沙已经变味了，就是把人拉上去，拿个木板坐上滑下来，往往听不到响声了。

敦煌鸣沙山下有泉水涌出后形成的月牙泉，但是沙不会把泉埋掉，因为地形特殊，一刮风，鸣沙山的沙是飞旋而上的，而不是往下的。

再看图1-11，这是嘉峪关魏晋墓葬出土的一块画像砖，图中人物架着鹰（有的还带着狗），就表明要去打猎了，后来变成了民俗活动，也有学者认为这是一种体育活动。图1-12是藏经洞所出的白描摔跤图，现存法国。很像日本相扑，看里面的人睁大眼睛，露出肌肉。当时莫高窟的画匠往往先画一个白描草稿，

◀ 图 1-11

架鹰图 嘉峪关魏晋墓壁画砖

▲ 图 1-12

摔跤图（P.2002）

◀ 图 1-13

敦煌绢画射钟图

根据草稿再画到墙壁上去。这个摔跤的形象就画得很生动。

图 1-13 是藏经洞所出射鼓（一说射钟）比赛的绢画，藏在巴黎的吉美博物馆，我是 2005 年从俄罗斯圣彼得堡艾尔米塔什博物馆的一本图录书里拍摄的，很有意思。一个红衣人，一个黑衣人，在射皮鼓。射皮鼓一是比准，要射到中心；二是要比力量大，穿透一个鼓说明有一定力度，穿透两个说明力量更大，图中可以看出是放了五个鼓，如果都能穿过去，就说明他拉弓的力量最大。敦煌的岁时节日文化可讲的太多了，这里就不展开讲了。

七 敦煌的祠庙寺观

敦煌地区反映各种宗教信仰的祠庙寺观也是文化交流的重要场所，其数量之多、僧尼人数占当地人口比例之大为全国罕见，充分体现了敦煌作为丝绸之路咽喉的特殊性。

据史籍记载，敦煌最早的佛寺是西晋时候建立的，叫圣严寺，是公元265年从西域来的和尚建立的。后来建的寺庙越来越多，包括石窟寺。莫高窟，从公元366年乐僔和尚在鸣沙山崖开第一个窟起，不断地开窟，最多的时候有1000多窟。据大略统计，西晋至晚唐，敦煌地区有像仓慈庙这种民间的寺庙20所，神泉观等道观10处，三界寺等佛寺59个，另有兰若22所，佛堂14个。归义军时期敦煌佛教寺院17所，僧尼1100多人，平均一所寺院有65位僧尼。根据史书记载，当时全国寺院5368所，僧尼12.6万人，平均下来一个寺院是23人，而敦煌平均是65人，几乎是全国平均数的3倍，说明敦煌寺庙的规模是比较大的。

敦煌这个地方各种宗教都容许存在，各种宗教活动都在同时进行，各种宗教的文化都在互相交流。这些交流的成果也反映到藏经洞的文献里面，反映到敦煌的壁画、彩塑里面。

图1-14是出自藏经洞、现藏在英国图书馆的唐朝咸通九年（868）印刷的《金刚经》，是公认已知有明确纪年的最早印本之一。后来我们知道在韩国收藏有武则天时候印的佛经，这个佛经上有很多武则天时造的特殊的字在上面。听说韩国举办了两次国际会议，宣称此经是韩国印的，印刷术是韩国人发明的，因为比咸通九年早。后来我老师启功先生写了一篇文章说，在朝鲜半岛印也不是不可以，唐朝有一个规定，属国也是可以印行的；韩国当然不承认是唐朝的属国，所以就不再大肆宣扬了。

▲ 图 1-14

唐咸通九年 (868)《金刚经》刻本（局部）

八　敦煌的学校教育

现在不是讲教育体制改革的问题么，我觉得我们这几十年的教育，中国传统里的不少好东西并没有得到很好地传承发扬，却盲目引进了一些并不是我们真正需要的东西。我这里以敦煌的学校教育为证。敦煌地区的学校教育分为官学、私学（义学）、寺学三类，均得到当地政府的提倡与保护。两晋南北朝时期河西地区因儒学讲习的繁盛，对敦煌地区主流文化的兴盛起到促进作用。官学是国家办的，有州学、县学、郡学等等，还有画院（敦煌的壁画有从外面来的画家画的，也有许多敦煌本地伎术院培养的人才画的）；私学就是私塾，近代以来，敦煌的私塾就非常发达，中原的世家大族在这里授课；还有一个就是寺学，即敦煌的一些寺院所办的学校，有世俗小孩来寺学学习，寺院里的小和尚也是学士郎。我们在敦煌卷子里发现了大量的学士郎习学的作业，特别是学士郎习写的诗歌。

现在来讲藏经洞的性质，藏经洞为什么有这些东西？我很怀疑，藏经洞也可能曾经充当了寺学的资料室，因为所藏有教材，有作业。如我们发现了张议潮的作业，他当上第一任的节度使，但年轻的时候就在寺学里上过学，学的时候抄了一首"无名和尚"所写的诗歌，以表达他的志向；过了几十年，在唐大中二年（848）至咸通七年（866）间，他领导民众起义，驱逐了包括敦煌在内的河西、陇右的吐蕃占领者，收复了唐朝失地，也保障了丝绸之路河西段的畅通。他当学生时的作业留在藏经洞里，还有其他的一些统治者子女的作业也在这里发现，说明寺学教学得到当地统治者的认可。

我们中国古代办寺学是有传统的，寺学学什么？教学两方面的内容：内学和外学。所谓的内学，就是跟佛典有关的经、律、论、疏；外学学什么？就是四书五经及普遍的文化知识。中国的佛家从来都讲文学素养，不仅仅光讲佛经典籍。据敦煌文献统计，敦煌当时有 11 所寺庙都办过学校。净土寺从公元 870 年到 973 年都还在办，超过了 100 年，还有莲台寺（893—936）、金光明寺（905—922）、乾明寺（915）、三界寺（925—975）、永安寺（923—983）、龙兴寺（917—920）、灵图寺（927—936）、大云寺（958—962）、显德寺（977）、城南寺（？）。

图 1-15 是金光明寺庙一个姓安的学士郎抄的《秦妇吟》。《秦妇吟》是唐代最长的一首叙事诗，有 1666 个字，现存《全唐诗》里面没有收，它亡佚了。为什么呢？写《秦妇吟》的人叫韦庄，

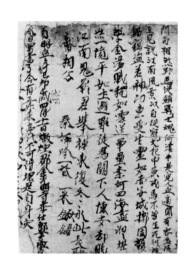

图 1-15 ▶
《秦妇吟》（S.0692）

他后来是很有名的词人。他去长安考进士的时候，碰上了"黄巢起义"，他这首诗就写当时京城长安的乱象，官兵与起义军都烧杀抢掠，甚至把许多公卿士大夫都杀了。他这首诗借一位"秦妇"之口反映了当时的凄惨场景。后来五代时有一本笔记《北梦琐言》上有一则记载，说这个韦庄因为写《秦妇吟》太出名了，所以大家都叫他"秦妇吟秀才"，还引了其中两句诗："内库烧为锦绣灰，天街踏尽公卿骨。"但是由于这首诗触犯了官家尤其是公卿大官们的颜面，这位"秦妇吟秀才"后来入川当了五代蜀国的大官，自己也忌讳这首诗，不许他的后人悬挂此诗诗幛，结果就失传了。后来在莫高窟藏经洞里面发现了这首诗，有十几个抄卷，从字迹看应该都是当时寺学的学生抄写的，王国维根据这些残卷整理出来，复原了完整的一首诗。这是个很了不起的事情。

我关注的是两个事情：第一，《秦妇吟》这样的诗，我们今天高校中文系本科生、研究生一般都没有读讲这首诗，太长了。可是藏经洞却发现这首诗的学士郎抄本，说明这首诗被收入了当时寺学僧人教授给学生的教材。这个姓安的学士郎还在末尾题了一首五言打油诗，说今天《秦妇吟》抄完了，可以抵五斗米。原来是他借了老师的高利贷，老师让他抄诗还贷。这个不奇怪，敦煌的寺院经济也很活跃。当时寺院里面还搞拍卖，就是有僧人去世了或者离开了，留下的衣物都拿出来"唱衣"，就是拍卖。我们在敦煌发现的《秦妇吟》手抄卷没有一个卷子抄得很漂亮的，有很多的错别字，为什么？因为都是学士郎抄的。安姓是"昭武九姓"之一，因此这位学士郎很可能还是从中亚来的粟特人的后裔，也在寺学中学习中文诗歌。

在藏经洞发现的学士郎的诗歌里面，内容五花八门，小和尚还有写情诗的。有一首诗说看到一个十五六岁的小姑娘，长得多么漂亮，整天想她。可见当时的学习环境比较开放。还有写诗嘲讽老和尚的，有一首诗写一个老和尚到禅窟里面示范坐禅。老和尚穿着非常华丽的袈裟，拿着紫金的锡杖，到里面去坐禅了。后来出来了，头上沾了稻草。这就滑稽了，因为修行坐禅是必须坐在草垫上，可见他在里面睡觉，头上才会沾稻草。还有汉族小和尚讽刺胡僧的诗。可不要小看这些诗，这也说明了寺学里面教学诗歌的宽松气氛。

第二，敦煌学校还有双语教学，为什么要双语教学？敦煌作为丝绸之路的"咽喉之地"，东边的人要到西面去，比如玄奘要到印度，要不要学梵文呢？西来的人要到中原做生意，不懂汉语就很不便。这就使敦煌成为一个学习多种语言的地方。所以我们发现有些敦煌卷子里，一边写汉文，一边写藏文，有的汉字写得很漂亮，藏文很糟糕；有的是藏文很漂亮，汉字很不规范。说明有的是汉族学生，有的是藏族学生。这一点也非常有意思。

敦煌历代很多统治者，好几任节度使、太保的子弟都在寺庙的寺学学习，为什么不到官学学呢？说明当时敦煌的寺学的水平还高于官学、高于私学。吐蕃占领时期，一些有儒家学识的汉族知识分子为保自身安全，于是就进寺院当了僧人教授和尚，因为吐蕃人信佛，不会骚扰寺院。所以寺学的教学水平都非常高。我发现了一个材料，敦煌有一个卷子，是一个僧人教官写给当时太保的，信的大意是这样的：我很感谢您信任我们，把您的子弟送到我们这个寺庙里学习，因为认可我们的教学质量。

　　敦煌的学校教育为敦煌培养了很多优秀人才，对敦煌的文化发展起到了一定的促进作用，同时对我们今天也有不少的启发。我们看敦煌的壁画、卷子，其中有很多学生的东西，也有老师的，画作有初级的，也有非常高水平的。曾经有一位学美术的人，说敦煌的画没什么了不起的，这些画家名字都没有留。我说吴道子、阎立本的画今天你能在内地看到真迹吗？看不到了，这些有名的画，过去在长安、洛阳都有，但历经战乱都消失了。而敦煌的绘画却保留下来了，有些可以说是代表了唐五代、宋元最高水平的画作。我们就听过这个故事：当年张大千在敦煌临摹壁画的时候，有的壁画上的供养人有 2 米多高，一条线下来就 1 米多长，非常流畅，不打弯、无顿滞。听说张大千临摹时候都不敢贸然下笔，因为怕画不流畅就糟了。我们很佩服那些没把名字留下来的画家，他们确实是高手，代表了当时最高的绘画技术。

九　敦煌的商贸活动

　　作为"丝路咽喉"，敦煌的商贸活动集中体现在：商旅业发达，手工作坊、加工业的繁荣与以物易物、物流迅速等方面，带有早期"国际经贸"的特点。同时，又有相当繁荣的寺院经济活动，为敦煌成为"华戎所交，一大都会"的丝路重镇、国际文化都会创造了条件。敦煌商贸活动能活跃到什么程度呢？和尚都可以做生意，可以放高利贷，我们从藏经洞写卷里面看到有某和尚店、某僧官店；官吏也都是可以开店经营的，大家都在搞经贸活动。物流迅速，我举一个在藏经洞里面发现的一首编号为 P.3644 卷的阙题诗，敦煌研究院有的学者把它叫做"店铺广告诗"，开头四句是："厶乙铺上新铺货，要者相问不须过。交关市易任平章，买物之人但且坐。"后面就具体开列货物名称："厶乙铺上且有：橘皮胡桃瓤，栀子高良姜。陆路诃梨勒，大腹及槟榔。亦有荜罗荜拨，芫荑大黄。油麻椒蒜，阿苗藕弗香。甜乾枣，醋齿石榴，绢帽子，罗襆头。白矾皂矾，紫草苏芳。砂糖喫时牙齿美，饴糖咬时舌头甜。市上买取新袄子，街头易得紫绫衫，阔口袴，崭新鞋，大胯腰带拾叁事。"真可谓百货俱全。我尤其惊奇的是其中还有槟榔，这本是亚热带的东西，以前在北京没有，最近才有零星销售。但是在 1000 多年前地处西北的敦煌，小铺子里就有槟榔出售。铺子里有很多西域过来的东西，还有从中原过来的东西，从东南沿海来的东西，说明物流是很迅速的。敦煌的商贸特点，我们从这一首小广告诗里面就看出来了。当时敦煌城内的店铺有康家、朝家、王富昌店、石家酒店、曹家、安家、罗家等许多家。而粮食加工、借贷、典当、拍卖等也常在寺院里面进行。刚才我们讲到了"唱衣",以前我们看写卷都不知道"唱衣"是什么,后来经过有的专家研究,才发现是拍卖。这些都说明敦煌的商贸业是非常发达的。《后汉书·郡国志》刘昭注引《耆旧传》说敦煌:"国当乾位,地列艮墟,水有悬泉之神,山有鸣沙之异,川无蛇虺。泽无兕虎,华戎所交,一都会也。"

以上所述,综合形成了敦煌的人文环境,或曰人文背景。了解了这些,我们对莫高窟为什么有这么辉煌的艺术遗珍,也许就不会太奇怪了。

我个人认为,根据敦煌的人文环境,可以大致归纳出敦煌历史文化的三个特性:

第一,延续性。从张骞出使西域,开通丝绸之路,到敦煌莫高窟陆续营建、存在的 2000 多年间,敦煌文化绵延不绝。学界普遍认为,在佛教中国化进程之中,儒家文化起了主导作用。儒家文化起主导作用的基础是什么?是共性。如果儒家文化、道家文化、佛教文化没有一定的共性,是不可能互鉴、融合的。藏经洞所出的卷子里面有《老子化胡经》,这里的"胡"主要指西来的佛教,有人讲这是宣扬佛教是道家老子教出来的。但是我仔细看看里面的具体内容,如讲道家的戒律,一条一条,大概讲了十七八条，当中有十三四条却是借用、化用了佛教的戒律。这不是"胡"化"道"吗？佛教中国化的过程中，因为与儒家文化、道家文化有共性，才能融合在一起。这符合历史发展的趋势，也符合文化交融的规律。

第二，兼容性、多样性。这与前面所说"共性"密切相关。我们知道，敦煌是一个民族文化交流的大舞台，大舞台上百戏纷呈，当然会有碰撞。比如说，吐蕃人来了，西夏人来了，会造成一些碰撞，但是吐蕃、西夏均信佛，他们的宗教文化，很快就融入、补充到当地的佛教文化里面。这些民族要很好地扎根于敦煌地区，当然必须很好地学习、理解、吸收汉族文化，达到取长补短，互鉴互利，这种兼收并蓄应该是文化交流与发展的主流。

对于敦煌、新疆石窟的壁画和彩塑艺术风格而言，我是不太愿意讲"化"这个字，什么汉化、胡化，说这个是胡风洞，这个是汉风洞，我不太赞成。为什么？我们去看敦煌莫高窟，南区有 492 个洞窟，眼花缭乱，看了以后你会发现洞窟的形式、壁画的内容，有民间宗教、神话传说的，有道教的，有佛教的，也有其他宗教的；有犍陀罗风格，有马图拉风格，有希腊艺术的元素，也有我国中原地区的特色，里面什么风格都有，你说它到底是什么洞？正是这种中外多民族的文化交流形成了中国源远流长、丰富多彩的传统文化。我非常赞同季羡林、冯其庸先生提出的"大国学"概念。我们的国学绝不只是"儒家正统"，也包含了中国化的佛教文化，包括了《老子》《庄子》等道家典籍，包含了生活在神州大地上56个民族的文化内容与形式，是各种民族文化长期的交流互鉴形成了中国的丰富的传统文化，造就了中华文明。认清这一点是非常重要的。

第三，地域性。丝绸之路"咽喉之地"的特殊环境，形成了敦煌文化艺术鲜明的地域特色，也展现出一些与其他文化遗产地不同的特点，这就是孔子讲的"和而不同"。汉长城，玉门关、阳关，渥洼池、疏勒河，三危山、鸣沙山、月牙泉，莫高、榆林诸窟，戈壁绿洲、大漠炊烟，都与敦煌文化息息相关，都呈现出独特的自然与社会的特性。敦煌之所以能够留下这么多灿烂辉煌的东西，正因为它的文化特征是和而不同的。尤其是封闭了1000多年的莫高窟藏经洞，里面有各种民族、宗教文化在这个特殊地域里的遗存，它作为一个缩影、一个典型例证，体现了敦煌文化的延续性、兼容性、地域性，这恐怕在世界上也是独一无二的。

敦煌学与敦煌文化

今天我主要讲三个问题：第一是如何认识敦煌学；第二是敦煌学形成和发展的三部曲；第三是怎样认识敦煌文化。重点讲第三个问题。

——在"敦煌与丝路文化学术讲座"上的演讲之一

一 如何认识敦煌学

大家知道敦煌学是随着敦煌莫高窟藏经洞文物的发现和流散而兴起的一门国际性和综合性的学问。1900年6月22日，敦煌藏经洞偶然被发现了，但我过去讲过这个偶然又有其必然性。发现文物当然重要，但更重要的是这个东西出现以后人们对它怎么认识。很遗憾的是在当时清朝末年这个积贫积弱的社会背景下，首先对藏经洞里的文物重视的不是我们的学者，而是国

▲ 图 2-1
英籍匈牙利人斯坦因

▲ 图 2-2
美国华尔纳盗粘壁画痕迹

▲ 图 2-3　　　　　　　　　▲ 图 2-4　　　　　　　　　▲ 图 2-5
吉川小一郎在莫高窟的题刻　　俄罗斯奥登堡　　　　　陈寅恪文

外的探险家、考古学家。他们知道这情况以后，从英籍匈牙利人斯坦因开始到法国伯希和、日本的大谷光瑞探险团、俄罗斯的奥登堡考察队等，把藏经洞里的很多精华拿走了，这当然是非法的劫掠行为（图 2-1、图 2-2、图 2-3、图 2-4）。文物被掠夺是一个问题，而对这些文物价值的认识与研究促使敦煌学这门学问在世界上形成是更重要的问题。到 1930 年左右的时候，我国学者对这个问题认识得比较深了。如著名的学者陈寅恪先生有一句总结敦煌学到底是一门什么学问的话，说得很精辟（图 2-5）。他说："敦煌学者，世界学术之新潮流也。"这里提了两个问题，一个是世界性的学术，一个是新的潮流。我们怎么认识它是一门世界性的学问、新的学问？我想从国学大师王国维讲的话能得到一些启示。他讲一门新学问的形成必须要有新

◀ 图 2-6

法国伯希和在藏经洞挑拣敦煌写卷

材料的发现。敦煌藏经洞新的文献材料的发现引起了人们对这批材料的研究兴趣。通过这些研究，通过比较新的视角和比较新的方法，形成了一些新的认识和观点，这才是一门学问形成所必要的条件。

我们不是说任何材料的发现都能够促成一门新学问的形成。最近经常听到哪儿哪儿发现了什么重要文物，但是它不见得能形成一门新的学问。比如说，前些年在陕西扶风法门寺地宫发现了非常珍贵的文物。一些有关人士举行了几次会议，包括国际会议，积极争取形成一门"法门寺学"；然而至今还是未能形成国际公认的专门学问。那么敦煌学为什么能够迅速地形成一门新的学问呢？这里应提到把敦煌文献掠去的那些外国探险家，他们中的一些人以新的视角看待这些材料，用新的方法研究了这些材料。如伯希和、奥登堡考察队，他们在敦煌做的工作远不是我们所想象的那么简单。他们用了现代化的摄影和测绘工具，有考古笔记，这跟我们传统的文献研究方法不太一样。更何况他们从这些文献里所发现的不仅仅是中国古代汉文文献。如果仅是那些，恐怕也不会引起他们那么大的兴趣。大家可能见过一张伯希和蹲在藏经洞一个微弱蜡烛光下翻拣写卷的照片（图2-6）。他在那里蹲了三个星期，挑选了很多非常重要的写本，其中有很多非汉文的东西。凡是他看出是古代西域或中国域外后来已经消亡了的一些民族文字的文献大都挑走了，这关乎众多的研究领域。所以我说，敦煌学是随着藏经洞文物的发现和流散而形成的一门国际性和综合性的学问。

不知道大家是否还看过原杭州大学古籍所所长姜亮夫先生于20世纪50年代写的一本书《敦煌——伟大的文化宝藏》。他说："自从莫高窟六朝、隋、唐写本藏经发现之后，敦煌学已成为六十年来在国际享有盛名的中国学术之一。"请注意"中国学术之一"这一句，有人可能认为和前面的说法不是十分一致。这就涉及我们怎样认识敦煌学的问题。我前面讲敦煌学是一门世界性的学问，而刚才又讲了中国学术，这是为什么？这和它的研究对象有密切的关系。我们说敦煌学是以敦煌及其相关地区历史文化遗存以及文化交流为主要研究对象的，带有鲜明的中外文化交汇内容和风格的一门"中国学术"。但是对这个"中国学术"，姜亮夫先生并没有将它限制在中国旧的治学范围里面。姜先生讲，敦煌文献里面很多内容是有世界性的。然而，因为它是在中国大地上发现的中国文献，并且这些文献里有那么多与中外文化交融的东西。隋朝裴矩写的《西域图记》的序中说丝绸之路"发自敦煌，至于西海（西海是指里海或地中海），凡为三道（有三条通道），各有襟带（各有各的连接道路）"，"故知伊吾（治今新疆哈密）、高昌（治今新疆吐鲁番）、鄯善（古楼兰一带），并西域之门户也。总凑敦煌，是其咽喉之地"。所以敦煌的历史地位是中原通向西域各个门户的一个咽喉之地，这非常重要。这就决定了敦煌学所涉及的内容。以前有一种狭窄的认识，好像敦煌学就是研究敦煌的东西，其实并不是那样。因为我们知道敦煌是一个咽喉，我们不能说光研究这咽喉，而不研究敦煌通往的其他地方。如果不研究，这个咽喉的地位、作用也就搞不清楚了。所以我认为能否用这么一句话来概括我们对敦煌学的认识：对外国学者来讲，敦煌学属"汉学"范畴，它是中国学一个重要组成部分。这里的汉学就是国外的学者研究中国传统历史文化而形成的一门学问，不是我们中国传统意义上的汉学、宋学的那个"汉学"。而对中国学者来说，敦煌学又是带有鲜明的中外文化交汇内容的一门新的国学，而这国学不是传统意义上的国学，它是具有世界意义的中国学术，这就回到我刚才讲的姜亮夫先生的话上来，即它是具有世界意义的中国学术。我们认识敦煌学首先一定要认识敦煌在丝绸之路的历史地位。那么有的人就会提出这样的问题，敦煌藏经洞出现的这些东西都是老古董，我们为什么这么重视它？而且为什么一开始是外国学者，他们认识它的价值比我们还早。有不少学者（如北大荣新江教授）都指出，藏经洞文献发现的时候，至少有些中国学者还不以为然，对它的价值缺乏足够的认识。

这里可以稍带讲一下现在我们大家认为很时髦的一门学问叫"信息学"。什么叫"信息学"？在《不列颠百科全书》里对信息学下过这样的定义：信息学是研究信息的储存与传递方法的一门学科。一方面它要研究怎样储存信息，另一方面它要研究怎么传递信息，这两个方面是信息学的研究对象。那么信息学和什么有关系呢？国外学者认为信息学与文献学有很密切的关系。他们认为文献学（主要指独立的文献学学科）起源和形成于20世纪初，这是国外学者的看法。对我们中国来讲却不是这样。为什么国外学者认为文献学独立形成于20世纪初呢？

这就与他们在 20 世纪初，在中亚地区和中国西部探险所发现的大量文献有密切的关系。那么我们为什么不认为文献学独立形成于 20 世纪初呢？因为我们的文献学有非常古老的传统，大家读《论语》就可看到孔子有关文献的一段话："子曰：'夏礼，吾能言之，杞不足征也；殷礼，吾能言之，宋不足征也。文献不足故也。足，则吾能征之矣。'"大意是夏代的礼仪制度我能讲，再晚一点的殷商的礼仪制度我也能说，但夏商之后的杞、宋都无法征引，因为文献不够，所以无法引证和考证，如果文献够了我就能引述和进行一番考证，能够说明它。这是我国最早对"文献"的说明，是孔子最早对文献重要性的看法。那么今天对古代的信息怎么了解呢？研究敦煌的文献，从中能够了解古代的很多社会历史文化的信息，而这种信息的了解有没有好处？我认为，好处非常之大，跟每个人的日常生活都有密切的联系。所以我们敦煌学研究的一个首要任务，是怎么样正确解读敦煌文献和敦煌文物当中所包含的古代文明的信息。这是如何认识敦煌学这门学问的问题。

举个例子，古代舞蹈的真实面貌今天看不到了，因为当时也没有录像，那么我们只能依靠比如说壁画，看到壁画上有各种各样的舞蹈形象，我们就知道曾经还有过那样的舞蹈。然而壁画上的舞蹈是静止的，如何才能把它变成动态的呢？那么只有跟文献结合起来，它才能变成动态的画面。王克芬老师说盛唐 220 窟那两组胡舞：一组是着戏装的，一组是着普通舞衣的，进而认为是胡旋舞还是其他什么舞蹈（图 2-7）。为什么这样讲？只要与文献、诗歌结合起来就能够解决这个问题，光是一个绘画形象还不足以说明问题。前些年有个全世界都非常风行的大型舞剧《丝路花雨》，大家知道其中有个"反弹琵琶舞"。其实我们并不知道唐代有没有"反弹琵琶舞"，也许唐代根本没

▲ 图 2-7

莫高窟 220 窟胡旋舞壁画

▲ 图 2-8

反弹琵琶舞姿壁画

有"反弹琵琶舞",那是现代人的创作,但是它却是根据敦煌壁画上的一个"反弹琵琶"的姿势创作出来的(图 2-8)。所以后来编《敦煌学大辞典》的时候,我们不叫它"反弹琵琶舞",只能叫它"反弹琵琶舞姿",这有科学根据。同样,根据这个舞姿还可以创作出其他新的舞蹈来。这就是运用古代的信息为现代服务的例子。

以上是我要讲的第一个问题,如何认识敦煌学。

二　敦煌学的形成和发展

我认为敦煌学形成和发展有三步，我把我自己的认识简单地归纳一下。

第一步，从敦煌文献的整理研究到对敦煌文物的全面考察。大家知道一开始就是藏经洞的发现，莫高窟在敦煌屹立了 1000 多年，现存最早的洞窟是在前秦的时候开凿的。从公元 366 年到藏经洞发现的公元 1900 年已有 1500 多年。有一次中央电视台的记者在北大采访时问我：为什么藏经洞这么长时间都没有发现，一旦发现就有了敦煌学？为什么莫高窟屹立了千年之久，过去就没有敦煌学呢？因为我们开始研究是从敦煌文献着手的，到后来研究才扩展到整个敦煌地区文物，包括莫高窟的石窟艺术和其他一些文物。所以研究对象是从窄到宽，慢慢地宽泛起来的，这符合一门学科的发展规律。因而有一段时间我们有的专家认为"敦煌学"这个提法不科学，应该叫"敦煌文献学"。他是从研究文献的角度去界定敦煌学这个概念。但如果扩展敦煌学的范围，则"文献学"这个定义就明显不对了。我们藏经洞发现了那么多东西，有汉文的，有非汉文的，敦煌石窟有那么多壁画、雕塑，再扩展到刚才讲的相关地区，比如说新疆地区，乃至甘肃其他地区，那些地方的文物与莫高窟都有千丝万缕的联系。这样敦煌学的研究对象越来越宽了，只有如此才能形成比较独立的有系统的一门学问。

第二步，从对地域文化的研究（大家知道敦煌学是以地名来命名的学问或学科，是一种地域文化）扩展到对世界古老文明交流的探索，从研究状态来讲是从静止的状态发展到了流动的状态。季羡林先生说过很有名的一句话："世界上历史悠久，地域广阔，自成体系，影响深远的文化体系只有四个：中国、印度、希腊、伊斯兰。而这四个文化体系汇流的地方只有一个，这就是中国的敦煌和新疆地区。"（图2-9）大家看世界地图，没有第二个这四种文化可以直接交汇的地区。我们要研究敦煌学当然要研究到文化的交流、民族的交汇，那么这种研究就是从静止的到流动的状态。

第三步，无论我们研究敦煌的文献还是研究敦煌遗存的其他古代文物，这种研究是去探索历史，回顾历史，要还历史本来的面目，去总结历史的经验和历史的规律。这种总结有什么用呢？当然为建设现代文明服务，我们要对社会文明的进步做出贡献。因为这个学问不是死的学问，不是一种僵滞的凝固的

图 2-9 ▶

季羡林先生

学问，这种研究的方法可以从远到近，往现代推进。

　　我觉得敦煌学的研究应该有这样的三步，只有这样，一门学问才不至于成为零碎的个别的杂乱无章的杂学。这样说是有根据的，因为有的先生提出过敦煌学是一门杂学，零碎杂乱，没有什么太大的价值。不知大家是否看过上海教育出版社出版的《敦煌话语》这本书，主要由曾任上海辞书出版社社长李伟国先生与几十位敦煌学专家的对话内容组成。其中有一节叫"废纸文化与精华文化"，里面讲到，香港大学的教授周锡䪖先生，他写了一篇文章叫《二十一世纪告别废纸文化》，说废纸文化有两类，一类是制造废纸的，一类是研究废纸的，敦煌学就是研究废纸的文化，敦煌学没有多少价值，原来就是一堆废物，是随手扔弃的东西，不是什么认真的文化创造，最多只有古董的价值，比如说纸是唐宋的纸，墨是唐宋的墨，而没有文艺、文献的价值或者说这方面价值甚低。他打了个比方，说如果把香港某个公司的写字楼或者某个学校教师、学生丢弃的废纸收集起来放到一个"时间囊"中，数百年之后再打开，是否会变成另一个敦煌宝藏，叫"香港宝藏"。这是一个古怪的观点。当然我想恐怕在座的每个人都不会同意他这个观点，因为它的前提就不对。我们从藏经洞里发现的不是他所说的随手扔掉的废纸，一点用处都没有，最多只有纸张和废纸的价值的东西。也绝不是现在香港的小学生在教室里面写坏一个字撕下来往废纸篓里扔的那种废纸，他把这两个等同起来看显然有问题，当然这个问题我还要详细地解释。因为他把敦煌文献看成是杂乱无章的没有系统的东西，不承认敦煌学是一门学问。大家可能看过一些材料，我认为从敦煌发现的很多东西不是他所讲的那样。我们随便举一个例子，如敦煌发现的道教经卷，写得非常漂亮，有很多文献是今天研究中国传统的道教文化和儒家、佛教怎么样合流等问题不可缺少的非常珍贵的材料，绝不是随意写下来扔掉的废弃的东西。为什么说废弃呢？因为有些学者认为藏经洞是堆放废弃物的。荣新江教授认为是为了逃避某些战乱，把藏经洞封起来，有意保存下来的。而有的学者则认为这些东西都是没用的，佛教又不能乱扔字纸，就把它堆在一起封起来了而已。后来我向主张"废弃"的一位专家建议，至少这个废弃的"弃"字是不合适的，不用了可以放起来，那叫废置，现在不用了或失去作用了，可以先放起来。后来他吸收了我的意见，说将来可以修改他的说法。其实我本人也并不认为是废置的。所以我认为敦煌学不是一个个别的零碎的杂乱无章的杂学，它是内容丰富的有完整的内在体系的一门独立的学问。它不是囿于一时一地的静止的狭隘的保守的东西，而是流动的开放的革新的文化财宝。从敦煌藏经洞发现的许许多多卷子的内容，包括莫高窟艺术的很多很多内容都可以证明它是改革的开放的不保守的，是代表当时先进文化的东西。我认为现在之所以对这个问题没有统一的认识，是因为我们现在对敦煌学的理论缺乏系统建构。一门学问最终的确立要有自己的理论框架，这些年由于我们所发现的敦煌文献实在太丰富了，所以各人研究各人的，研究文学的研究文学、研究宗教的研究宗教、研究经济的研究经济、研究军事的研究军事，都搞自己某个学术领域里的东西。最近敦煌学术界在呼吁敦煌研究能否更系统、完整地进行。2002 年 8 月在北京理工大学举办了"国际敦煌学术史"的会议，商讨了这个问题。这是第二个问题，就是敦煌学形成和发展的三部曲，我们认为一门学问的形成发展必须有这样一个过程。

三 怎样认识敦煌文化

刚才我讲到敦煌文化首先是一种特殊的地域文化。什么叫地域文化？地域文化是带有鲜明的地域内容、色彩、风格、形式的一种文化现象。大家知道我国有很多地域文化：楚文化（湖南、湖北地区的文化）、巴蜀文化（以四川和重庆为中心）、吴越文化（江苏、浙江一带）、齐鲁文化（山东一带），这些都是地域文化。但是敦煌文化又和那些地域文化不太一样，它是一种特殊的地域文化。一个地域文化必须要有它形成的基础和条件。提起基础就牵扯到主流文化的问题，这是我们研究敦煌学、敦煌文化一个非常重要的问题，过去的学者很少提到此类问题。最近我看到社科院有个集体的科研成果，有一位学者写了其中的一部分"儒学典"。儒学方面他就提到了这个问题，这非常重要。就是说一个地域文化必须以主流文化为基础，这是一个小的地域和整个国家或民族的主流文化的关系问题，本地域的主流文化是它的基础，没有基础，该地域文化也难以生存和发展。

　　第二点也很重要，即各个地域当然都有所差异，这样地域文化才能呈现出它的多样性。敦煌文化有非常鲜明的地域风格，并且和我们主流文化有密切联系。但是它又不等同于主流文化，其中还有其他民族文化的材料，对这些资料要具体地逐一分析，不能笼统地看它。比如，我们经常碰到一个问题，分析敦煌的壁画，说这个壁画是汉风，那个壁画是胡风等等。就是中原风格的叫汉风，西域的其他民族风格的叫做胡风，如此笼统地讲似乎也可以，但实际上还不够严密。汉族是汉王朝统一中国以后才逐渐形成的一个混杂的民族，严格讲当然不是一个"纯净"民族。因为当时居住在包括黄河流域、长江流域的很多地方都有少数民族，不是我们现在意义上的汉族，到后来都已经融合了。若要追述我们的祖先，确实还追述不到汉族的祖先，那么所说的汉风到底是什么？再说胡风，也是很笼统，因为"胡"是一个泛称，到底是指现在我国境内一些少数民族的先民，还是从欧洲传来的希腊、罗马的东西，还是从印度来或从东南亚来的东西？是佛教的还是基督教的东西，还是伊斯兰教等其他宗教的东西？这些问题都需要一一区分。敦煌这个地域文化所体现出来的风格是多样性的，它是多种民族文化交汇而形成的一种特殊的地域文化，这就是地域文化的个性。刚才讲到它有它的基础主流文化，现在又讲到它的个性即特殊的东西，就是主流文化它也要变异，要改革，对此我下面要举个例子加以说明。

各个地域所存在的差异促成了地域文化的多样性。那么地域文化有没有共同性？当然也有共同性。它的共同性不是表现在完全没有差别的那种共性上，而是，第一，对主流文化的认同。敦煌文化对华夏文化有认同感，这个非常重要。第二，还要吸纳支流、干流的那些文化，这样它才表现出整体性，证明它并非杂乱无章。现在大家都在讲寻根及其重要性，目前在这个世界越来越全球化的趋势下，寻根有它特殊的意义。我们讲敦煌文化实际上也是对寻根问题的一种诠释。我在商务印书馆看到新出的一本书，法国学者魏明德（Benoît Vermander）写的《全球化与中国》，第一章讲了全球化与文化交流，有几个观点值得给大家介绍，非常有意思。第一，他说现在很多人都在反对全球化，大家知道 1999 年在西雅图开世贸组织会的时候，很多人游行示威反对全球化的进程。请注意，他还说全球化同样可以成为创新的因素。第二个观点，外部的影响能够派生出教育的新模式，更加开放的同时产生适应本地的现实的东西，所以如果搞好的话一些外部的影响不完全是坏的东西。第三个观点是说文化的多样性可以繁衍出新的文化的语言。敦煌地区是不是体现了当时文化的多样性？并且这种文化的多样性不是静止不变的，正因为这种文化的多样性最后繁衍出敦煌文化这么一个新的文化语言。所以我们中国人要到敦煌文化里寻根，法国人也要去寻，日本人也要去寻，英国人也要去寻，美国人也要寻根。他又讲，现在东西方文化同样面临着失去根的危险，非常需要参照自身的源流，包括宗教、艺术、哲学等等来创造新的表述方式。他又讲到地方文化应该抵制一些腐朽东西，而要接受精华，这样社会才能呈现出好的局面来。就是说我们不是笼统地反对全球化，只是有些国家搞全球化，像美国，它有它的另外一种目的，因为美国自身没有更深的文化源流。其他国家的认识却不是那样了。

　　敦煌文化的共性首先表现在对华夏主流文化的认同，这是第一。第二，对各种支流文化都有很好的吸纳，吸纳以后有创新。这里举一个飞天的例子，因为大家比较熟悉飞天，一定看过很多飞天的形象。敦煌壁画或者雕塑上的飞天是非常丰富的，从前秦、十六国时期一直到元代，创造了非常丰富的飞天形象。我们要追溯它的源流。学者们研究敦煌飞天的源流和印度原来的艺术形象有关，如紧那罗等，其实紧那罗本来不是佛教的东西，应该属原始的守护神。我们如果从飞天艺术形象本身来分析，印度的飞天形象显得比较呆板，在整个艺术品里飞天的位置是在边上，有时候成一个直角形，好像飞不起来，我们很难感觉到它是飞天。这种飞天慢慢发展，后来传到阿富汗巴米扬、到

▲ 图 2-10

早期壁画中的伎乐飞天

巴基斯坦，但它的形状还是没得到太大的改变，我们看不出太明显的动态感。到了新疆克孜尔开始有了变化，飞天显得生动了一些，但是好像还是飞不太起来。而在我们内地，在江苏丹阳发现道家的羽人形象，倒是飞动得很厉害。大家知道，在莫高窟，北魏时期的飞天就不一样了，它的身体曲线基本上成"V"字形或"U"字形。尤其是那些伎乐飞天的方向感、动态感都比较强，因为加了很多飘带，另外还有服装的线条（图 2-10）。我们知道中国画的灵魂在线条，线条勾勒以后它就增添了飞动感。新疆早期的飞天，比如在和田地区发现的飞天还有翅膀，和希腊的小爱神一样。看看欧洲大教堂的那些小爱神，肩膀上有两个很大的翅膀，那翅膀本身就很重，所以它飞不起来，飞不起来怎么办呢？画家就在它的腿上、手上添上小翅膀，好让它飞起来。再来看看莫高窟的飞天，没有翅膀，却飞得很好。

▲ 图 2-11

隋 407 窟藻井飞天

当然北朝的飞天比较清秀，比较瘦，画起来袍子显得很空荡，空荡显得更有飘动感。到了隋代，那种飞动感更加强烈了。而且隋代的飞天脸庞显然是要比北朝的丰腴得多，方正得多。并且，隋代有个最大的特点是出现了大量的成群结队的飞天，尤其是画在窟顶藻井上（图 2-11）。这些飞天围着莲花或者别的图案一圈一圈地飞动，给人一种整体感。所以隋代的东西很值得研究，包括文学、音乐。虽然隋朝非常短命，才几十年，一个只存在了几十年的朝代能创造出很有自己特色的文化，在中国是很少见的，甚至在世界上也很少见。

到了唐代，飞天发展成熟了，有几个比较大的特点，一个是雍容华贵，另一个是动感，它不像是隋代或者是北朝一样，非得借助很多线条、飘带来表示，而且它姿态非常优雅，从上而下，或者从下而上，自由自在地飞翔。仔细观察，你说它飞确实是在飞，你说它不飞好像也没有飞。在这里动和静得到了一个高度的结合。另外，唐代的飞天还有一个明显的特征，即说不出它是神还是人。所以有"菩萨如宫娃"的说法。唐代的飞天体现出中国的主流文化，就是中国儒家天人合一的主流文化，这种精神贯穿到飞天这个艺术形象里，使飞天形象体现出了天人合一的含义，说它是神也可以，说它是人也可以，说它在天上飞也可以，说它在凡间起舞也可以，怎么理解都行，达到了一种出神入化的地步。刚才我们讲到寻根，那么唐代的飞天之源当然要寻到印度、阿富汗等地方，它吸取了那些支流、干流的文化以后，又形成了自己的特色。隋唐时代的飞天一看就很清楚，无论是什么地方，包括现在做的工艺品、丝巾上的那些飞天，一看就知道那些是我国隋唐代的飞天，绝不是印度的或日本的飞天。

我们知道敦煌文化是比较特殊的，今天我不能讲更多的例子。敦煌的这种特殊性到底是怎么形成的，为什么别的地方就形成不了呢？第一是地域的特殊，我一开始就讲了敦煌位于丝绸之路的咽喉之地，它有文化生成和传播的一个特别的自然地理环境。我们要从洛阳、长安出发，沿着丝绸之路走，敦煌是咽喉，只有从它那里分成北道、中道、南道，而不是从别的地方，地形、生态、气候等等关系造就了这种局面。如果现在去看敦煌，敦煌好像只是戈壁里的绿洲，其实敦煌一带的气候并不是很好，怎么能想象当时能造出那么宏伟的千佛洞来；仅僧尼、工匠要养活多少？而历史上这一地区是非常繁荣的，而那种繁荣不能以我们今天所看到的现象来衡量，我们要回到历史上去看。

下面讲一讲丝绸之路。有关丝路文化，好像是由生活于19 世纪 30 年代到 20 世纪初的德国学者费迪南·冯·李希霍芬（Ferdinand von Richthofen）最早提出"丝绸之路"这一名词，因为那条道路是我们中国的丝绸运往西方的一条大的通道。这实际上是个笼统的说法，运的当然不仅仅是丝绸，还有大量的其他货物，所以有的外国学者还提出过白银之路、茶叶之路、瓷器之路等等，但是丝绸最具有代表性。提起丝绸之路我们一定要解决一个问题，就是虽然"丝"是我国发明的，丝绸生产起源于我的家乡浙江，是从我们江南、中原传出去的，但是到了唐朝或者更早的时候，已经并不仅仅只有我们才生产丝绸，这一点一定要搞清楚，要不然考古发现很多的问题解决不了。所以一位法国学者提出，丝绸之路上有许多"丝都"。当然长安是我们丝绸之路的起点，意大利的佛罗伦萨也是丝都，有段时间佛罗伦萨的丝绸工业非常发达，法国也曾经试图搞他们的丝都。因为我这里讲敦煌地域的特殊性，从敦煌发现了很多文物，比如说我们后来考古发现的丝绸吧，敦煌文书里就有这样的词语"胡锦"，就是从西方那里传来的锦缎，还有"蕃锦"，从西南方传来的。外面运进来的丝绸，通过敦煌传到内地去，说明不仅仅是我们的丝绸被运出去。20世纪80年代在青海有个叫都兰的地方挖掘了一片吐蕃贵族的墓地，这些贵族墓地里的最大发现就是各种丝织品，据说丝织品的种类有五六十种之多，而这五六十种里大概有二三十种以上都不是我们中国的丝绸。它的品种非常多，如上面有刺绣外邦文字的，从中亚地区运来

图 2-12 ▶

中亚丝织品中联珠纹图案

的很多"波斯锦"。比如说在敦煌壁画和新疆发现的丝织品上，
都有一种图案叫做"联珠纹"，环形的一圈联珠，画得像轴承
一样成散射状的东西（图 2-12）。专家研究这种"联珠纹"，
认定是西方的东西，不是中国本来的纹样。所以说丝绸之路这
一地域的特殊决定了敦煌文化的特殊，当然更重要的是文化背
景的特殊，就是说文化生成和发展都有自己的背景。一方面敦
煌文化依靠中原的主流文化，这是一个大背景；另外一方面是
敦煌这地方有很多种民族文化的交汇。有关这些问题以前都讲
过好多次了，我只想说一个很简单的东西，比如说丝绸之路的
贸易，不仅仅是丝绸运出去就算完了，大量的外国商人也进来，

一直到长安。那么使用的是什么货币？当时有没有硬通货？唐朝的时候罗马的金币、波斯的银币可以和我们做大量的交易，我们把茶叶卖给他，他们给我们金币或者银币。当时东罗马的金币和波斯的银币都是硬通货。

马克思曾经在一部著作里讲世界上有些"商业民族"，比如犹太人，犹太人从古以来就是善于经商的，非常能干。还有粟特族，也是商业民族。这些商业民族在丝绸之路这条道路上对文化的传播起到非常重要的作用。在敦煌藏经洞里，在敦煌莫高窟的壁画里，都看到许许多多商业民族活动的影子。这些商业民族能连接很多其他民族，他们是流动的，当然并不是说整个民族是流动的，绝不是这样。就是草原民族，也不是说一天到晚无休止的乱七八糟地流动，它有自己的规律，也有一定的地域范围。但是商业民族可以跑遍全世界，正是这些人对民族文化的传播起到了非常重要的作用。敦煌文化背景里比较特殊的就是刚刚举的季羡林先生讲的话，有各种古老文化的交汇，同时也有各种古老宗教的交汇。比如在敦煌莫高窟藏经洞所出的讲经文里，有一篇非常有名的《佛说阿弥陀经讲经文》，其中有一句非常典型的话："西天有九十六种外道（所谓"外道"是指佛教以外的其他信仰），此间（就是敦煌这个地方）则有波斯、摩尼、火祆、哭神之辈。"当时从波斯带进来了很多景教的东西，就是基督教的一派，也叫聂斯脱里派，还有摩尼教、火祆教，当然火祆教不仅在敦煌，它后来成了一派，内地如河南等地都有火祆教的遗迹。哭神是什么？过去很多学者搞不清楚，包括在《敦煌变文集》里，50 年代初的一些老专家们也搞不清楚哭神的来头。后来有些专家对哭神进行研究，说是印度教的湿婆神或舞神，这是一个非常矛盾的神，一方面具有摧毁一切的能力，另一方面又能给人以健康，所以说它具有两面性。它又是舞蹈之神，现在印度的舞蹈神图像，就是湿婆神的形象。因为它能摧毁一切使人哭泣，所以有人说它是哭神。然而上次一位法国学者在这里做有关撒马尔罕的讲演时，他却持有另一种观点，认为哭神是粟特人的信仰，就是娜娜（Nana）女神的信仰。但不管是印度教，还是娜娜信仰，都是外民族的一种宗教文化信仰。在敦煌地区汇聚了那么多宗教信仰，而且那些宗教信仰是自由的、开放的、兼容的。在敦煌的文献里几乎看不到一种信仰扼杀另一种信仰或一种信仰摧残另一信仰、排挤另一种信仰的现象。

我着重介绍这个问题，是因为要讲讲中国的主流文化究竟是什么。有一次在长城学会的会议上，季羡林老先生发表了一个观点。他举了一个很简单的例子，为什么造长城？是为了抵御匈奴的入侵，是为了防御，长城文化是一种防御性的文化。

中国人一直在防御，没有进攻，没有侵略性的一面，这点非常重要。所以当初西方大声喊叫"黄祸"的时候，鲁迅先生就驳斥过这个论调。中原主流文化，即儒家文化的本质和特性是兼容的，是宽容的。我们知道孔夫子一开始就讲"恕"，讲"中庸之道"。现在不去分析这个中庸之道对历史起过进步的还是反动的作用，我们认真地去看现在的世界，世界上有那么多的矛盾，那么多的战争，无论是局部的，还是大范围的、酿成很大危险的，都与排他性有关。所以我们应该回过头去看敦煌文化为什么能够那么灿烂辉煌，它不是偶然的。如果敦煌文化是狭隘的、保守的，不容别的文化进来，把它排斥了，那么流传到今天的敦煌文化不可能是这样。我们看到莫高窟4万多平方米的壁画里有那么丰富的各种各样的形象，因为敦煌能容纳，能发展它们，这点是非常重要的。要建立一个非常强大的国家，就不能只有一种单一的文化。所以有一位美国朋友跟我讲，不要看我们美国人财大气粗，其实内心非常空虚，这话讲得非常有道理。他说"9·11"事件使我们美国人感到另一种空虚，但那种空虚不可怕，大楼被炸毁了，我们还可以再造，然而文化的空虚是很难填补的。所以我认为今天认识敦煌文化的多样性时，我们一定要从中国传统的主流文化里寻找原因。当然还有一个重要原因，敦煌文化里比较丰富的是佛教文化内容，可是我决不同意敦煌文化就是佛教文化，只是佛教文化占了相当大的比重。

我们再来谈佛教文化的兼容性。如果我想和你融合，你却不愿意跟我融合，你有排他性，我还是融合不了你。佛教文化本身也有兼容性、包容性和宽容性。就佛教故事而言，敦煌壁画里有五百强盗立地成佛的故事、九色鹿的故事等。九色鹿的故事中提到的那个坏人那么坏，他出卖了九色鹿，长了一身脓疮，但最后悔过自新了，照样是好人。佛教宣传这种思想，只要改过自新了，就是好的，就可以容纳进来，佛教就是讲宽恕。敦煌是佛教的圣地，当时佛教文化起了很大的作用，佛教文化本身又有那样的特性，而中原的主流文化儒家文化也是兼容的，它们就能在敦煌融合在一起，包括道教也是一样。过去有人批判敦煌出土的《老子化胡经》，说道教怎么能化释迦牟尼？但是仔细去读这个故事本身，还是讲融合，具有互相统一在一起的含义，并没有相互排斥、抵制或贬低的意思。我觉得这一点是非常重要的。

比如，就学习语言而言，佛经的翻译是经过了许多人许多代的努力。我国从西晋到十六国时期那段时间，包括鸠摩罗什在内的有许多著名的翻译家都不是中原人，都有外来民族的血统。可是他们都有个共同点，若看他们的传记，如《法苑珠林》

《高僧传》等书中，常看到"华戎兼通"，意思是兼通中原的语言和西部少数民族的语言，所以才能把佛经翻译得那么好。因此当时少数民族的专家学者对佛经的翻译起到了非常重要的作用，有非常大的贡献。比起他们来，玄奘是较晚的人物，他最大的功劳是到印度以后介绍了西域地区的很多文化，撰写《大唐西域记》，另外还带回很多佛经，过去没有翻译过那些经，他组织人翻译出来了其中的一部分，但佛经并不只是玄奘一个人翻译的。

说到这儿我想到一个不少人感兴趣的小问题，就是为什么唐代女子以丰腴为美？北朝倾向于秀骨清像的原因，我认为这一定是和北方少数民族有关，同时它也和时代动乱、老百姓吃不饱的情况密切相关。唐代承平日久，尤其到了唐玄宗时候，物质生活丰富，老百姓不愁吃、不愁穿。而且李唐王朝的统治者带有西部的少数民族血统。一个马背上的民族，一个以流动作战为生的民族一旦安定下来，生活过好了，自然要发胖，加上杨贵妃也长得很丰美，促成了统治者的提倡。另外有个很重要的现象，当时歌舞非常发达，据《明皇杂录》的记载，在唐玄宗时期有个叫王大娘的，以演耍戴竿杂技舞蹈为生，她在肩膀上或者头上顶一支竿子，小演员爬上去，在竿子上做各种动作，还要跳舞。现在的杂技中也有此项目。王大娘戴竿可以坚持很长时间，人在上面蹦蹦跳跳，王大娘如果没有好的身体和体力，如果身材纤瘦，就坚持不了多长时间。今天很多歌唱演员都要中气很足，尤其是唱女高音的、西洋唱法的演员，大都比较胖，他们需要有那种气力。据史书记载，唐玄宗时期举行歌舞晚会，有时连着三天三夜昼夜不停地跳，没有好的体力无法做到这一点。那些梨园弟子都需要壮一点才行。而且唐朝时候，他们认为生活条件好了，人就应该稍微丰满一点。我从史料笔记《明皇杂录》中又查到这样一个非常有趣的故事。有一位润州刺史叫韦诜，他为女儿选女婿，发现有一个叫裴宽的人很懂礼节，就把他叫到家里，让妻子和女儿看一看。裴宽"疏瘦而长"，妻子、女儿看了以后大喊大叫，说这人太瘦了，长得像鹳鸟一样，细腿长胳膊，选女婿怎么能挑这样的人，像吃不饱似的，觉得不行。可是后来他们还是排除了世俗习惯，选中了这位女婿，并且这位女婿还不错，夫妇俩白头偕老过了一辈子，"其福寿贵盛，亲族莫有比焉"。这说明当时唐朝有那种风尚，看见瘦人就觉得不大正常了。当时杨贵妃让唐玄宗的管财政的官员刘晏写一首关于王大娘顶竿的诗，那位官员写了一首诗说："楼前百戏竞争新"，是说花萼楼前面各种歌舞戏演出，花样翻新；"唯有长竿妙入神"，意思是只有王大娘顶竿的技术达到出神入化的地步；"谁谓绮罗翻有力"，就是谁在称赞跳舞的人翻动她的衣服很有力量呢？"犹自嫌轻更著人"，就是还嫌舞蹈者的服装太轻，换一个人或者更换衣服能把舞蹈跳得更有力量，更有气派。如果这个人长得干瘦，没有力量，那么舞蹈无法达到"翻有力"。所以这是时代的风尚，我觉得每一个时代的文化或者一个地域的文化总有生成的背景，这就是我刚才所讲到的特殊文化背景。

还有一个特点是，敦煌文化延续的时间长，我觉得这一点也比较重要。敦煌文化生成和传承的时间比较长，而且从莫高窟的壁画、雕塑里能看出敦煌文化有相对的稳定性。最早的壁画在公元366年凿的洞里，到明清时代，已有了1000多年的历史。先不说明、清两代，就讲元代以前，或者就讲藏经洞封闭前，敦煌自从建郡起，即从公元前2世纪西汉的时候到公元11世纪藏经洞封闭的时间，至少有1000多年的时间了，这期间它的文化处于相对稳定的状态。我们没有看到敦煌莫高窟遭到很严重的人为破坏的痕迹。我曾经和荣新江教授讨论过这个问题，我不认为封闭藏经洞的目的是躲避西夏人，绝对不是那样。因为，第一，西夏人也是信奉佛教的，没有必要恐慌他们的到来；第二，西夏进来以后确实没有破坏壁画。所以我讲到敦煌文化是互相宽容、互相兼容的，没有大的破坏性。敦煌文化最后还是保持了相对稳定的延续性，这点非常重要。我们讲文化历史是否悠久有很多因素，如果文化有很多断层现象，那么文化本身就有很多问题。我们不希望我们的文化断层，我们看敦煌文化能感觉到它有借鉴的意义。

最后简单地总结一下。第一个结论，敦煌文化是多种文明互相交融、促进、共存的多民族文化，不是单一民族的文化。我们不能说它是汉民族文化或者某一个民族的文化。当然我们可以说它是华夏文化，但是这个华夏也是由多民族组成的。另外，敦煌文化不是单纯的佛教文化或者单纯的儒家文化。第二个结论，敦煌文化显示出了兼容、宽容，追求和平、进步、发展的时代精神。它的性质是为中国主流文化性质所决定的，这是我们中华民族为什么热爱和平的主要原因。第三个结论，敦煌文化体现了保护与积累文明财富，创造人类幸福的民众愿望和历史要求。这一点为我们提供了借鉴。我曾经在一篇短文里说过敦煌文化是世界文明的象征，现实可以从敦煌文化里得到启发。全世界或者小范围的我们国家究竟创造一种什么样的文化，一种什么样的文明？我们不是狭隘的民族主义者，我们也不是泛泛的世界主义者。我们应该创造一种能够兼容、包容、吸取各种文化营养的世界文明、世界文化，我觉得这点是非常重要的。尤其是在 21 世纪，如果能够解决上面所说的问题，那么世界上很多问题包括战争问题也许就能得到解决，相反这个问题得不到解决，战争问题也永远得不到解决。所以历史文化很奇怪，既然敦煌文化能给我们这样的启示，说明敦煌文化有一种前瞻性。希望有人对历史文化的前瞻性问题进行研究，这是非常有趣的课题，是传统文化和现代化的关系问题。这些年我也参加过一些博士生和硕士生的论文答辩会，当然更多的是对具体问题的探讨，写得也非常好。但是我往往觉得好像缺少一点什么，就是从一个比较大的文化交流的范畴来探讨某一个具体问题或指导某一个具体问题，这是第一。第二，探讨历史的时候，怎样把历史放到现实中再向前看，看到底能给今天带来什么启发。听说西北师范大学有的教授正在做有关敦煌环境保护的课题，我觉得这个课题非常有意思，敦煌的环保是什么样的？1000多年来敦煌的环保以及现状怎么样？这一点在敦煌文书里有所反映，有的描述得很细，如某人打了多少柴、限制打多少柴、打多以后要怎么处罚等等具体的内容。所以我认为敦煌文化体现了一种保护与积累文明财富、创造人类幸福的民众愿望和历史要求。

怎样读懂敦煌

　　笔者涉足敦煌学研究三十多年，其间阅读过为数不少的介绍、研究敦煌莫高窟艺术的出版物，无论是图籍、图文并茂的知识性普及读物，还是阐述研究心得的学术论著，在均不乏收获的同时，总不免感觉有所缺憾……这里以《图说敦煌二五四窟》为例，谈谈怎样读懂敦煌。

敦煌学是涉及历史学、文献学、艺术学、社会学、考古学、宗教学等多学科的综合性学问，如何既能拓展学术视野，又融会贯通、细致入微地在一本著作中呈现出它的质量特性，还是相当困难的；此外，即使这方面的普及读物，印数较多的也只在 5000—8000 册之内，读者面并不广。2017 年末，三联书店出版了敦煌研究院美术所两位年轻研究人员陈海涛、陈琦的著作《图说敦煌二五四窟》，首印 10000 册，因意外畅销，不到一个月，又加印 10000 册，而且中国各地书店又呈很快售罄之势（图 3-1）。可以说，此书创造了敦煌类图书初版发行的新纪录。为什么？我捧读此书之后，眼界豁然开朗，

▲ 图 3-1

《图说敦煌二五四窟》书影

▲ 图 3-2

莫高窟 254 窟舍身饲虎壁画

深感二位著者为读者奉献了一本解析敦煌石窟艺术的创新佳作。

　　创修于 5 世纪下半叶北魏时期的莫高窟第 254 窟，是一座有代表性的禅修窟，其中最著名的萨埵太子舍身饲虎、尸毗王割肉贸鸽、释迦降魔成道本生故事壁画，一直是瞻拜大众和佛教艺术研究者最为关注的珍贵图像，对它们的内容诠释与美术研究也已广为人知，如何写出新意颇有难度（图 3-2）。多年来倾心于敦煌文化艺术传承与创新的两位作者，则希冀在清晰铺陈该洞窟开凿的时代背景的基础上，从细述（图说）壁画入手，通过一个典型个案的剖析，对石窟的营建与构思做整体解读，使读者能深层次地领略图像创作所体现的虔诚精神与哲学、美学理念，真切感悟1000多年前石窟艺术创造者的高超技艺与匠心。与我们习见的"图说"书不同，作者对三铺本生及佛传故事壁画的解析，并非局限于对历史图像本身的客观展示，对其内容、结构、风格做一般性陈述，而是配以他们精心临摹的大量线描图，指引读者进一步去关注图中关键性的局部与细节（图3-3）。尤其是既结合魏晋时期文艺美学对于目光与神思的关注，去领悟创作者的心灵体悟，又自觉运用了中国传统美学中笔势、

◀ 图 3-3

饲虎壁画线图

图 3-4 ▶

新疆焉耆石窟舍身饲虎壁画

图 3-5 ▶

日本法隆寺舍身饲虎壁画

气势、情势等特色理论，精辟地归纳出这些壁画图像创作中"势"的运行、相合及抗衡，从而体现出可以统领与驾驭文学艺术作品的"风骨"，将佛教义理与画师匠心及情感完美地融合在画作之中。不仅如此，作者还将研究的视角拓展到印度、日本以及我国新疆与中原地区，也包括莫高窟其他洞窟同类题材的图像，通过比较它们之间的异同，指出敦煌石窟艺术风格的典型特征。例如，书中经过对我国新疆喀喇沙尔、克孜尔、库木吐喇以及日本奈良等窟寺中舍身饲虎图像的比较引证，对印度阿旃陀与犍陀罗地区石窟中尸毗王形象的描述，对 254 窟降魔成道壁画中四类 40 余个魔众形象的一一展示与分析，准确地指出这些题材与图像沿着佛教东传的路线进入西域、敦煌、中原，经过辐射、回流，在审美、技巧等方面均发生了有趣的变化，以至更多地吸取了中国本土文化的元素，来更好地面向在丝路咽喉地区朝拜的多民族信众（图 3-4、图 3-5）。

更让我感到钦服的，是作者在做这些细致入微的图像分析的同时，并不回避敦煌石窟的宣教功能，而是专列一章，将包括千佛、天宫伎乐图案在内的壁画、彩塑佛像与洞窟中心塔柱、佛龛、藻井等建筑形制合为一体，来阐述洞窟的"禅观精神"。作者运用了现代心理学知识，指出："254 窟的整窟图像与精神系统，与禅观的修行仪轨有很大的关联。""前来礼拜的信众则在洞窟中抱持着时不我待的紧迫感，努力精进观想，寻求突破，以期领会更高层次的生命状态。"[1]毋庸讳言，民众信仰的升华，是国泰民安的一种保障。作者认为 254 窟所承载的佛教宇宙观和世界观，对于今天的观众而言，依然明晰且引人遐思。我想，

---

[1] 见陈海涛、陈琦《图说敦煌二五四窟》（北京：生活·读书·新知三联书店，2017），页 216。

作者是在整体洞窟功能分析的基础上，经过了认真而长期的思辨后，才得出了这个有启示作用的结论。而这样的判断，确实超越了一般的知识性介绍，当然也区别于普通的教义与仪轨宣传，这在其他图说敦煌石窟的书中，实属罕见。

由此，该书启示我认识到"信仰"对于"读懂敦煌石窟艺术"——观瞻、诠释、研究敦煌洞窟形制与图像的重要性。读懂敦煌，就要读懂信仰：开窟者（做功德的供养人）的信仰，创作者（营建工匠、画匠、塑匠）的信仰，修禅者（僧众）的信仰，礼佛者（信众、居士）的信仰，鉴赏者（参观的各色人等及研究人员）的信仰与文化艺术素养。我认为，虔诚的宗教信仰存在于不同民族与阶层，贯穿于身份差异及文化水平有高低的敦煌图像的创作者、礼拜者和鉴赏者的群体之中，这是以莫高窟为典型代表的敦煌窟寺在 1000 多年里得以不断发展、繁荣，长盛不衰的根本原因。

回顾儒家文化和佛、道、祆、摩尼等宗教传入敦煌地区以来 2000 多年的历史，回望莫高窟创建 1600 多年来敦煌石窟艺术发展的进程，敦煌石窟建筑及其彩塑、壁画的创构，莫不缘于传道者与信众虔诚的宗教信仰及做功德之举，这是文明交汇的产物，是以宗教文化为核心的各民族艺术融合的结晶，也是人类文明进程中的智慧花果，作为世界文化遗产当之无愧。

佛教传入中国，并且逐渐中国化的过程，有种种内因外缘，究其根本，在于它与中国本土儒家文化、道教文化以及传入中国的其他宗教仁慈向上、兼容并包的基本精神内涵相通。公元4世纪中叶后逐渐成为佛教圣境的敦煌莫高窟，它绚丽多彩的壁画即反映出多民族、多宗教文化交融的特点；其藏经洞所出的大量各种文字的写卷、印本文献，也蕴涵了各色各样的宗教典籍与社会文书。不同宗教文化从接触、碰撞到兼容并蓄，乃至融会贯通、互相推进，是文明发展必要亦必然的过程。

我们要读懂敦煌，就必须了解位于丝绸之路咽喉之地这个地域特点的敦煌地区的人文环境。作为丝绸之路"咽喉"的敦煌，既是东西方贸易的中心和中转站，也是多民族文化交汇融合之地，被古人誉为"华戎所交一都会"。季羡林称其与新疆同为世界上历史悠久、地域广阔、自成体系、影响深远的四个文化体系"唯一"汇流之地，"敦煌石窟的存在本身就是中外文化交流的结果"，"在建筑、石窟艺术和雕塑、壁画等的风格上，到处可以看到外国文化的影响以及中外文化交融的痕迹"[①]。来自广义西域各地的"胡商"与中原汉族客商在这里从事着各种交易，既有中原的丝绸和瓷器、北方的驼马、西域的珍宝，也

---

① 见季羡林主编《敦煌学大辞典》（上海：上海辞书出版社，1998）中"敦煌学"词条，页19。

有当地的粮食与其他特产。自汉代丝绸之路开通以来，华夏中原文化就更为便捷地不断传播到敦煌，并生根发芽、枝繁叶茂、硕果累累。同时，经由新疆地区，敦煌也较早地接受了发源于古代印度的佛教文化（有敦煌悬泉置遗址所出"浮屠里"汉简为证）。西亚、中亚乃至欧洲的文化（宗教文化是其中重要的组成部分）也随之东传到了敦煌（有藏经洞所出的景教、摩尼教等宗教典籍和粟特文、叙利亚文等多种文字抄本为证）①（图3-6、图3-7、图3-8）。还有来自我国吐蕃地区的藏文化，来自北方的鲜卑、西夏文化及来自东北与朝鲜半岛的高句丽文化等（图3-9、图3-10）。这些都是养育敦煌窟寺的文化摇篮，也是汇聚信仰文化之渊薮。

要读懂敦煌，也必须认识宗教的信仰文化本质。宗教作为一种在世界各民族、各国普遍存在的社会历史文化现象，贯串于人们日常生活的方方面面。即如著名学者方立天（1933—2014）多次强调指出的：宗教的本质是文化，是信仰性的文化，是一种社会文化体系，是人们的一种精神生活方式②，同时，也

---

① 如蔡鸿生即据史籍与敦煌藏经洞所出文献对影响与存在于敦煌地区的"突厥文化"及文化交流做了翔实的考论，见氏著《唐代九姓胡与突厥文化》（北京：中华书局，1998）。
② 学界讲"信仰"分为原始信仰、宗教信仰、哲学信仰、政治信仰四类，本文虽专注于谈宗教信仰，其实凡是信仰均包含在社会文化体系之内；至于"盲从""迷信"或信仰缺失，其实都是迷失了信仰本质的一种极端，当然也是社会中习见一些人的精神生活方式。方氏的论述要旨，见于他的十卷本《方立天文集》（北京：中国人民大学出版社，2012）中相关著述。

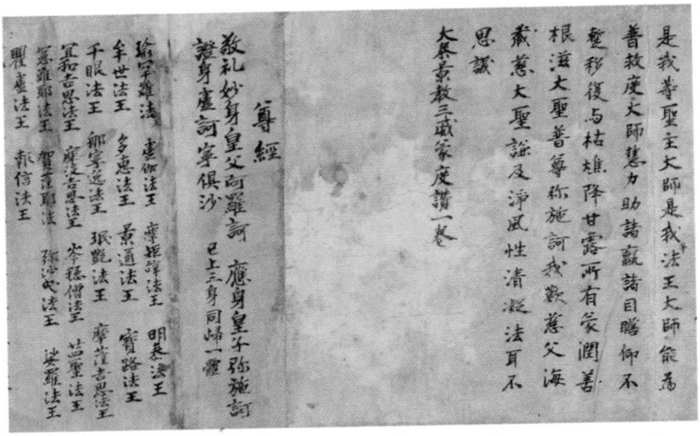

是我等聖主大師是我法王大師能為
善救度大師慧力助諸羸諸目瞻仰不
蹔移復与枯燋降甘露所有蒙潤善
根滋大聖普尊弥施訶我歎慈父海
藏慈大聖謙及淨風性清凝法耳不
思議
大秦景教三威蒙度讚一卷

尊經
敬礼妙身皇父阿羅訶　應身皇子弥施訶
證身盧訶寧俱沙　已上三身同歸一體
瑜罕難法王　盧伽法王　摩矩辭法王　明泰法王
牟世法王　多惠法王　景通法王　寶路法王
千眼法王　鄉寧逸法王　珉艷法王　摩薩吉思法王
宜和吉思法王　摩沒吉思法王　岑穩僧法王　岦聖法王
寳難耶法王　賀薩耶法　弥沙曳法王　娑羅法王
瞿盧法王　報信法王

◀ 图 3-6
景教《尊经》写本

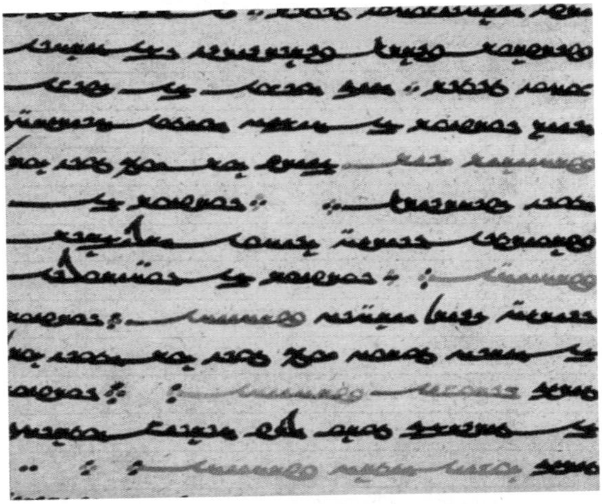

◀ 图 3-7
回鹘文发愿文写本

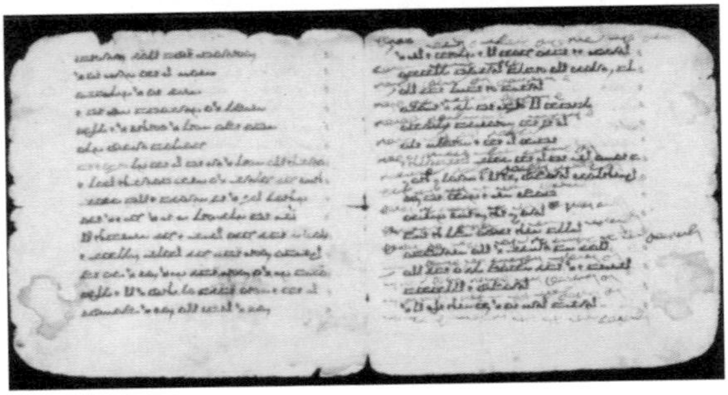

◀ 图 3-8
叙利亚文《圣经》写本

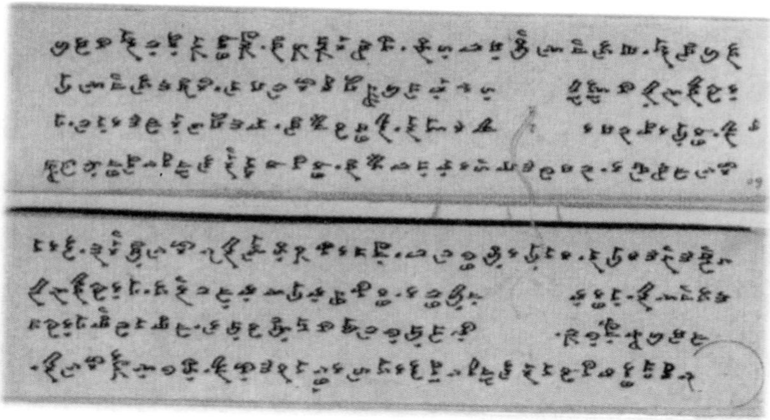

▲ 图 3-9

于阗文《金光明经》写本

▲ 图 3-10

汉、藏文双面写经

与物质生产（包括"非物质"的艺术创作活动及其经验传承）密不可分。敦煌石窟寺作为信仰文化的物质载体，其建筑、壁画、雕塑无疑是凝聚了创作者匠心的精神产品，也是供信众与礼拜者瞻仰、鉴赏的文化艺术精品。这里，信仰既是其原动力、动力源，也是贯彻始终、充盈其中的驱动力。隋唐之际儒家的经学大师孔颖达在《周易正义》"需卦系辞"疏中讲："无信即不立，所待唯信也。故云需有孚，言需之为体，唯有信也。"[①]这里的"信"，即是人的需求本能，是对"天"的敬畏与崇拜，故《尚书·大诰》孔颖达疏云"无信则上天不辅"[②]。信而仰之，是为信仰；仰之弥高，信而弥坚。作为连结"天人之际"（或神与人、圣与凡人之际）的重要精神纽带，各种宗教信仰文化的精华多呈现于中外的教堂、石窟、寺庙、道观乃至墓园、碑铭等建筑物的艺术品之中，敦煌石窟亦然。

我们即以莫高窟254窟壁画中最吸引观众注意力且使心灵受到强烈震撼的佛本生故事舍身饲虎为例略加说明。

创建于北魏时期的254窟是敦煌最有代表性的洞窟之一。著名敦煌学家史苇湘先生（1924—2000）在为《敦煌学大辞典》

---

① 《周易正义》卷一"需卦"孔颖达疏，见《十三经注疏》（北京：中华书局，1980），页23。
② 《尚书正义》卷二"大诰"孔颖达疏，见《十三经注疏》（北京：中华书局，1980），页200。

撰写的"第254窟"词条中曾这样简要诠释此窟："此窟建筑布局谨严，雕塑、壁画都承袭北凉风格而有所发展，是敦煌莫高窟早期艺术较为成熟的代表。塑像比例合度，袈裟贴体，坐立诸像，腿部修长，头部广额丰颔，神态庄重。四幅主题画，是北魏壁画的精品。在中国美术史上有重要价值和意义，无论题材处理，人物造型，色彩线描，无不显示出以传统为主、吸收外来文化的融合创新精神。"①其中的"四幅主题画"，即该窟南壁的萨埵太子舍身饲虎、释迦降魔成道，北壁的尸毗王割肉贸鸽，东壁的难陀出家缘。

据《图说敦煌二五四窟》的两位年轻作者自述：他们最初到敦煌实习在此窟内临摹壁画时，一边辨认着已经模糊的轮廓造型，一边分析画面的总体布局和走势，体会着古代画师是如何运用绘画来讲述一个让人多少会有些难以接受的佛经故事。壁画中佛的前生萨埵太子，为了救一只饥饿的母虎和它的幼崽，宁愿牺牲自己的生命。这个在佛教美术中常见的题材，被254窟这铺壁画表现得特别具体动人。他们认为，一般情况下，这个故事会被描绘得简率直露，突出血淋淋的啖食场面，而这铺壁画却表现得特别荡气回肠，让人更能够感受到萨埵舍身的坚定信念以及全身心奉献的牺牲精神。有一处细节在其他同题材

① 见季羡林主编《敦煌学大辞典》，页46。

的绘画里从未见过：萨埵本来已经躺在地上等待老虎来啖食，但老虎实在太虚弱了，根本无力下口，于是萨埵用竹枝刺破喉颈，再次跳下山崖，让老虎可以先舔他的血，恢复精神后再食其肉，最终得救。画面上同时表现了用竹枝刺颈的萨埵和跳下山崖的萨埵，他们的眼神相互对视，似乎在彼此问询："献出生命，你后悔吗？你希望得到什么？""不，我绝不后悔，我不求尊荣富贵，唯愿帮助众生……"这种深邃的对目光与神思的关注，对情感和内心的探究，使画面不再仅仅是佛教教义的简单图解，而是形象地诠释了信仰的力量，具有了一种触动人心的艺术特质，这让他们真切地感受到了东晋画家顾恺之所讲的"传神写照正在阿睹中"。我觉得，北魏时期这位画匠，准确地领会了这个本生故事所要宣扬的悲天悯人并施及世间一切生灵（这里以虎为代表）的牺牲精神，将自己对"众善奉行"的崇信寄托其中，才能用画笔将它描画得栩栩如生，也才能对观画者产生巨大的心灵震撼。正是这种震撼，使两位来自大城市的年轻作者放弃了舒适的城市生活自愿到鸣沙山麓工作。他们耗费数年心力，将这铺壁画演化为高清数字化的动漫作品，去感动更多的观者，进而用精细的线描图与简洁的文字撰写成《图说敦煌二五四窟》一书，得到了广大读者的认可。他们自己"读懂"了254窟壁画，才能用自己的感受与理解去帮助千千万万参观过或还未参观过莫高窟的人去"读懂"它们。

或许有人会认为，只有佛教信众才能读懂敦煌、欣赏莫高窟；其实并不尽然。因为不同宗教文化弃恶从善、追求光明的主旨和自我牺牲精神是相通的。莫高窟第254窟另外两铺壁画（《尸毗王割肉贸鸽》《释迦降魔成道》），不仅同样阐发了人们对舍身奉献精神的赞叹，而且着重显现出面对众魔的攻击与诱惑，更为要紧的是克服自身的"心魔"（贪嗔愚痴），以达到"证悟"之境。这样，我们自然就可以联想到儒家思想的核心仁、义、礼、智、信；想到道家思想的自知者明、自胜者强；想到基督耶稣的怜悯世人、牺牲自己；想到摩尼教的五施（怜悯、诚信、具足、忍辱、智慧）以及敦煌藏经洞所出的《老子化胡经》里的老子化摩尼之说；想到祆教（琐罗亚斯德教）的善恶之争与明暗之分，等等。其实，这些中古时期在敦煌兼存并行的宗教文化，它们的基本宗旨均具备仁慈向善、兼容并包的文化精神，它们在不同历史时期及复杂环境中的碰撞、交汇，融汇于莫高窟壁画与藏经洞文献之中，不仅是我们读懂敦煌的人文基础，而且可以化为人们读懂敦煌、修身养性的精神营养，这也正是莫高窟成为造福于全人类的世界文化遗产的重要依据。

同时，我也想到自己曾作为顾问参与拍摄的大型纪录片《敦煌》的年轻导演周兵的例子。在他执导拍摄的过程中，通过敦煌研究院名誉院长樊锦诗及院外一些老专家的指导与讲解，在三危、鸣沙之间林林总总的洞窟内外，他面对彩塑、壁画，观瞻藏经洞写本，又耳闻许多献身敦煌保护、研究事业的人们的动人故事，真切地感受到敦煌艺术品及文献的博大精深、丰富多彩，也感受到信仰文化的力量，于是更虔诚地、全身心地投入该纪录片的创作之中。2010 年，该片在中央电视台播出后，受到国内外广大观众好评。他不但亲口跟我说："拍了《敦煌》，我信佛了！"还特地赠送我一尊观音菩萨瓷像。我知道，这并非是指他成了佛教徒，而是如我们在央视网视频频道接受访谈时回答主持人提问"是不是佛教徒"时所说：是对佛教文化的真心向往与学习，是信仰它与儒家及其他宗教都具有的向善、和谐精神，是肯定它们对社会进步的推动作用[1]；我们是在努力读懂敦煌。可以说，只有真正明白了敦煌莫高窟作为全人类共有的世界文化遗产的意义，才能读懂敦煌。

当然，读懂敦煌是一个渐进的过程，敦煌的文化内涵博大精深，涉及众多学科，仅有信仰而缺乏丰厚的知识积累以及人文修养也不易读懂。本文只是强调信仰是读懂的关键与基础。国内外许多敦煌学界的耆宿、前辈，还有众多相关的后起新秀，

---

① 参见"《敦煌》主创与主持人谈'佛'"，来源：央视网 2010 年 03 月 19 日 14 时 20 分起对我和周兵导演的访谈。

尤其是坚守在鸣沙山下守护敦煌莫高窟这一方净土的人们，用他们的智慧和艰辛努力，为我们读懂敦煌提供了丰富的精神营养和广博深厚的知识与经验，这也是我们读懂敦煌不可或缺的借鉴。仍以释读莫高窟第 254 窟的壁画为例，敦煌研究院赵声良在《敦煌石窟艺术简史》中有这样的分析：

> 第 254 窟的几幅故事画代表了单幅多情节构图的成果。……如萨埵本生故事，共描绘七个情节……各个情节的处理，有轻有重。画家紧紧抓住萨埵饲虎这一故事发展的高潮，并相应地刻画了刺项、投崖而组成一个连续性的场景。……饥饿的老虎贪婪地吞食萨埵太子这一场景占了较大的画面，突出地表现了萨埵为拯救生灵而不惜牺牲生命的崇高精神。
>
> 第 254 窟的尸毗王本生、降魔变等也具有单幅多情节的特征。采用了中轴对称的构图，以突出释迦牟尼的形象。如降魔变……画家通过描绘周围众多骚动不安的人物来衬托释迦牟尼心境的平静。[1]

这是一位美术史专家，从美术专业的角度来指引观众如何体味古代画匠在绘制佛教壁画时的匠心。今天，不同身份、不同文化层次、不同专业背景的人，都可以以自己的文化信仰和

---

[1] 见赵声良《敦煌石窟艺术简史》（北京：中国青年出版社，2015），页 69、71。

艺术修养去阅读、感悟敦煌艺术，不仅自己力求在一定程度上读懂敦煌，而且，还要为他人解读提供借鉴。诚如敦煌研究院名誉院长樊锦诗所强调的："古代敦煌文化之所以得以繁荣，正是由于汲取了丝绸之路上中西文化的丰富营养。今天，我们又处于一个中外文化交流的大好时机，更应该以开阔的胸襟，放眼世界，从更广更深的角度来看待丝绸之路与敦煌的文化艺术。……要尽可能地把学术研究的成果转化为普通读者的精神食粮，为当今的精神文明建设服务。"[①]

寓教于图，修身养性。古代那些敦煌艺术品的创作者，今天如《图说敦煌二五四窟》的作者般许许多多的文化遗产的保护者、观赏者、研究者，千千万万到莫高窟旅游、参观、朝拜的人们，众多敦煌文化普及读物与学术著作的读者，都应该是信仰包括佛教文化在内的优秀传统文化的受益者和传承人。即使是出家的佛教徒和在家的居士、信众，以及佛教或其他宗教文化、敦煌学的专门研究者，亦应如方立天所指出的那样，要通过内在心性的修养，生命智慧的升华，精神品格的净化，去体会宗教哲学，感悟人生的真实。我以为，只有这样，才能探骊得珠，真正得到宗教文化的精华，提升人生境界和生命质量，逐渐读懂敦煌。

---

① 樊锦诗《丝绸之路与敦煌文化丛书·总序》。

敦煌写本的"约定俗成"

近些年来，随着珍藏于世界各地的敦煌莫高窟藏经洞文献的全面刊布，人们对我国中古时期写本文化的研究视野大大扩展，认识逐渐深入，与写本学相关的理论日益丰富。

　　浙江大学出版社推出的"浙江学者丝路敦煌学术书系"第一辑中张涌泉教授所著《敦煌文献整理导论》，是以写本内容以及残卷缀合等为研究重心的重要著作；而 2019 年 1 月，英国剑桥大学亚洲与中东研究系汉学教授高奕睿（Imre Galambos）围绕中国中古时期的写本文化所做的系列学术讲座，则以"还原中国中古时期写本产生的社会环境"为目标，由"写本的物质形态"切入，力求跨越传统的文本研究方法，对写本的文本布局、装帧形态、标识符号、书写方式等诸多方面进行考察，不仅关注写本产生的具体社会环境及其功用，而且通过展现中

◀ 图 4-1
张涌泉谈敦煌文献整理

图 4-2 ▶
剑桥大学高奕睿教授谈写本学

国与中亚相互关联的写本元素，在更广阔的视野下揭示了域内
外的文化交流（图 4-1、图 4-2）。高奕睿教授在讲座中指出：
研究写本物质形态应注重细节，进行跨文化比较的同时还需关
注写本自身演变的历时性；佛经的汉译、传播在很大程度上推
动了中国纸质卷子本的普及。他还探讨了文本布局和标识符号
对于判断写本年代和起源的重要作用。这些，都对我们进一步
深入理解敦煌写本的文化内涵有很好的启示作用。

　　笔者考虑，研究写本文化，除了关注其写本内容、物质载体、
社会环境等重要因素外，其核心应该是书写这些写本的各色人
等。"人"是文化传播、传承的主体，是"写本之母"；人受
社会环境的制约，同时又以自身的各种活动或多或少地改变着
社会环境。研究古人所处的社会环境以及不同身份、文化修养、
书写目的、心理活动、性格特征等等，对于诠释林林总总的古

代写本也至关重要。

例如以张涌泉、黄征教授为代表的研究敦煌俗字的专家，他们对存在于中国中古时期各类写本中的"俗字"（其实还扩展到"古今字""碑别字""异体字""避讳字"乃至错字等）做了详尽的释读和论说。而"俗"与"正"是相对辩证的关系，正如中国古典文学作品中的"俗"与"雅"一样（请参阅笔者《雅俗之间——简论敦煌俗文学在中国文学发展史上的地位》一文[①]）。"俗字"的产生与应用、流行（或曰"通行"）有其社会因素，也不可否认有其人为的因素。其中，"约定俗成"不可忽视。内容如此，形式如此，物质载体同样如此。

内容：如敦煌写卷中的宗教典籍、史学和文学作品（包括说唱文学写本）、社会经济文书、实用字书韵书、书仪、信札、学郎诗、杂写等等。

形式：如书写方式（如正讹、卜煞、钩乙、重文、夹注等文献抄写通例）、抄经特点（朝廷颁布标准写经及普通写经生、一般民众等的抄写）、文体形制（如古今诗体、骈体、时文、契约、历日、方志、谱牒）等等。这里还应包括与书写密切关联的篆刻、临摹、摹刻、复刻、摹拓等手段。

载体：如纸张、绢帛、笔墨工具、各色颜料等等。

---

① 拙文刊载于《敦煌吐鲁番研究》第十六卷，上海古籍出版社，2016年，第1—11页。

以上这几个方面，既有跨越时代、地域通行的延续性与规范要求（如语言学界公认抄写中的钩乙符号亦称"倒乙""钩正""钩逆"等，汉晋时期即普遍使用，且"在《说文》之前的先秦古文字中就已经产生"①），也会有特定社会环境下（包括政治生活、语言环境、物质生产条件）的时限性与地域性（如抄写中的避讳字、则天时期的武后新字，因方言方音的借字，纸张的生产与供应情况等等）。

根据现存的文献、文物资料，书写载体，除了公认的最大宗的纸帛简牍外，也不能忽视甲骨、金石（如钟鼎、石鼓、印章、崖壁、陶瓷器皿、砖瓦等）、帷幛等等②。至于笔墨、颜料等，情况也十分复杂，恕笔者学识所限，颇难在这篇短文中叙说。

在我国的传统文化体系中，"俗"，可以成为一个相对稳定的、固有的社会生活形态。故《礼记》言："礼从宜，使从俗。"③《尚书·周书》称破坏生活常态为"败常乱俗，三细不宥"④。而在有变革需求、有改革精神以致"愤世嫉俗"的人们的眼中，"世俗"

① 参见张涌泉《敦煌文献整理导论》，浙江大学出版社，2015年12月，第277—293页。
② 《墨子·兼爱》篇云"书于竹帛，镂于金石，琢于盘盂"，见《墨子校注》，中华书局，2006年版，第175页；《吕氏春秋·慎势》云"功名着乎盘盂，铭篆着乎壶鉴"，见中华书局《吕氏春秋集释》，2009年版，第462页。历代文献颇多"书于石""书于壁""书于砖""书于树"的记载，兹不烦一一征引。
③ 《礼记·曲礼》，见《礼记正义》卷一，《十三经注疏》，中华书局，1980年，第1980页。
④ 见《尚书正义》，《十三经注疏》，中华书局，1980年，第125页。《周礼·大司徒》注疏讲"以俗教安"，若"变其旧俗，则民不安"。见《十三经注疏》，中华书局，1980年，第1230页。

则是阻碍社会历史进步的一大障碍，成为革新的阻力（亦是动力），故号召"旧染污俗，咸与维新"[①]。旧俗革除之后，新俗又会逐渐形成、稳固，并且自觉不自觉地融某些旧俗于新俗之中，成为新的"约定俗成"。

我以为，上述看法，同样适用于对敦煌写本的认识。

约定俗成强调的是不同时期、环境的文化氛围和人们的认同感及趋同性的关系。这是共性。这带有一定的"强制性"与感染力（写本"面貌"颇类似唐朝妇女的妆饰，亦如不同民族的服饰，古人今人追求的"时髦"）。

敦煌写本的约定俗成也与各色人等自身所具备的习性特征关系密切。这是个性（如我注意到藏经洞所出的敦煌公、私、寺学中，不同民族、年龄、出身、文化程度的学士郎的诗抄既有共性，也有个性——如大多数学郎诗写本均错别字甚多，也有像张议潮所抄《无名歌》这样比较规整者。而吐蕃人习写汉字、汉人习写藏文亦有自己的特点，水平亦参差不齐）。

至于约定俗成的功能性特点，最典型地体现在唐代朝廷颁发的标准译经写本和普通写经生抄本之间的差别上，体现在纸张正背面空白处的充分利用上。也体现在启蒙读物（如《千字文》《太公家教》等）和开蒙杂抄、字书（包括双语对照）、韵书的抄写上。

---

① 见《尚书·胤征》，《十三经注疏》，中华书局，1980年，第158页。

对于"写本学"而言，对"约定俗成"的认识，既要遵循这门学问的学术规范，也要借鉴有关专家的突出成果，借鉴比较成熟的"西方写本学"的研究方法与成果。我曾经在学习我的导师启功先生的"启功书法学"时得到如下一些启示：

首先，我国的"书法学"既古老又年轻，是一门学习各体文字书写方法、源流和书家流派、风格以及作品鉴赏并探索相关规律的学问。启功先生对传统书法学的扬弃与创新，形成了他的书法学体系，这一体系包含了书写学、书史学、文字学、敦煌学、绘画学、诗词学、篆刻学、临摹学、鉴定学和美学等多学科知识，可谓宏赡精深。

其次，书写学与书史学在启功书法中占有核心地位。书写学既涉及写字方法（执笔、运笔、结字、布局、行气、题款等），又与书写工具、载体、心理、环境等密切相关，也似可将碑帖学知识揽入其中。书史学则要求对书家、流派及其关联与作品特色作全面、准确的比较与分析。

再次，一部成熟的书法史，应该是书家（写字者）、书体、书风、书派的比较史、发展史，是辩证的、灵动的、变革的，而占中心地位、掌握主动权的是"人"。只有掌握好各位书家的复杂因素（包括他们之间的模仿、借鉴、继承、扬弃关系），把握住时代的风尚，才能厘清"史"的脉络。同时，真正能说明问题的是对书家大量真实不虚的作品的全面把握，追本溯源，求其特质 ①。

我觉得，以上这些认识，同样可以运用到对敦煌写本文化的研究之中。下面举一个典型的例子：

某国一位著名的敦煌学专家，固守他自己拟定的一套鉴别敦煌写本字体、字形、书写方法及工具的标准，鉴定英国大英图书馆所藏若干敦煌写本系"伪卷"，引起许多专家的质疑。1996 年 10 月 10 日，在担任我国国家文物鉴定委员会主任的启功先生及王世襄、傅熹年等专家访问大英图书馆时，中文部主任吴芳思女士即请启功先生等对这些写本做鉴定。启功先生在仔细观看了这些写本后，即代表在场的其他五位中国同道在留言簿上亲笔写了如下的意见（图 4-3）：

一九九六年十月十日下午获观馆藏敦煌经卷，其中有晚唐五代写（经）生拙笔所书者，闻有妄人指为伪作，因为志此以奉告典藏诸君：自古法书有真有伪，而此辈妄人呓语切莫听也。②

启功先生后来曾告诉我，因为这个简单的鉴定意见是写在英方当时提供的留言簿一页纸上的，无法为此结论写下更具体的理由，但核心的看法即是"晚唐五代写（经）生拙笔所书"

---

① 参见笔者提交 2012 年"第四届启功书法学国际研讨会"论文《关于"启功书法学"的断想》。
② 原件藏伦敦大英图书馆中文部，笔者存有方广锠博士所摄照片。

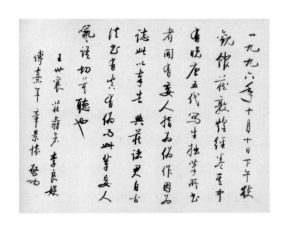

图 4-3 ▶
启功先生书敦煌写本鉴定语

十个字，说明当时普通写经生书写风格、水平、方法各有参差，书写工具亦不尽相同，"拙笔"二字即表明民间经生抄经"俗"的形态性质，当然与朝廷颁发的标准写经不同，绝不能用那位专家认定的一种死板的标准来鉴别。我理解，这正是"约定俗成"观念的正确体现。

张涌泉教授在论及写本文献与刻本文献区别时指出：

写本文献出于一个个单独的个体，千人千面，本无定式；即便是那些前人传下来的古书，人们在传抄过程中，也往往会根据当时抄书的惯例和抄手自己的理解加以改造，从而使古书的形制、字体、内容、用词、用字、抄写格式等都会或多或少发生一些变化，都会带上时代和抄者个人的烙印。①

————————————

① 见张涌泉《敦煌文献整理导论》，浙江大学出版社，2015年12月，第12页。

我的体会，在具体分析研究敦煌写本的过程中，把握其共性（包括其时代性、地域性、民族性、物质性等）固然重要，了解其个性同样不可忽视（包括书写者个人的出身经历、家学师承、知识结构、生活环境、喜好习俗、物质条件等）。总体把握与个案分析必须兼顾，这正是对"约定俗成"全面理解所需要的。例如日本东京书道博物馆藏有一份我国唐代武德三年（620）的《阎硕兄弟写经功德记》，内容约略如下：

> 写妙法功德，普施于一切。……弟子烧香，远请经生朱令辩用心斋戒，香汤洗浴，身着净衣，在于静室，六时行道，写经成就。金章玉轴，琉璃七宝，庄严具足。[①]

可以想见，当时敦煌地区绝大多数的家庭与普通写经生，都不可能具备这样的写经条件。还可以用藏经洞的学士郎诗抄作为例子加以简要说明。

在敦煌学郎诗的研究中，写本内容的分类释读、分析已有丰硕成果，我感到缺乏的是对这些写诗抄诗学郎做年龄、阶层、身份等方面的具体分析，这也涉及对他们进行教学的"教授"学识水平和施教方法的考察。仍以我最感兴趣的韦庄《秦妇吟》写本残卷的整理研究为例做些说明（图4-4）。对这首佚失了

---

① 见日本中村不折著、李德范译《禹域出土墨宝书法源流考》，中华书局，2003年版，第102页。

1000 多年的唐代第一长叙事诗的整理、研究，我国自王国维先生 1909 年发端至今，已有百年的历史。据统计，迄今为止，藏经洞所出的此诗有 11 个写本、19 个残片 ①。除迻录、整理残卷的该诗文字外，研究者基本上都是对诗歌内容、作者生平及为何讳提此作而使其湮没作探讨，几乎没有涉及对抄写人的探求。而据我分析，鉴于藏经洞的性质和这些写本的抄写文字均比较稚嫩粗糙，错别字甚多，故我以为均为当时的学士郎所抄。下面即对其中的后梁贞明五年（919）敦煌郡金光明寺学士郎安友盛的抄本略作分析（图 4–5）。该英藏 S.0692 号残卷所抄乃《秦妇吟》结尾的若干行，字迹大小、行距疏密不一，每行字数悬殊，错字甚夥，以"秦妇吟一卷"结束，诗抄后题署抄写年月日、身份、姓名，可证确为寺学中学士郎抄写。值得关注的是题署的左边还写有一行五言打油诗："今日写书了，合有五斗米。高代（贷）不可得，还是自身灾。"这里包含的信息颇有意思：第一，抄写《秦妇吟》这首 1666 言的长诗可折合"五斗米"；第二，抄诗是因为借了高利贷的还贷行为；第三，他借了寺学教授的高利贷，教授让他抄诗还贷，而寺院僧人放贷属于当时正常的寺院经济活动；第四，寺学教授此诗，是寺学的教学内容之一，教授自

① 参见田卫卫《〈秦妇吟〉敦煌写本研究综述》，《敦煌学辑刊》2014 年第 4 期，第 153—161 页。

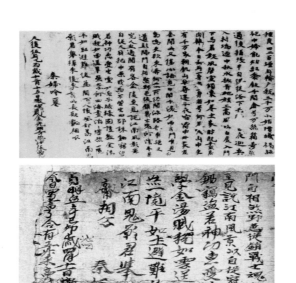

◀ 图 4-4
《秦妇吟》抄本

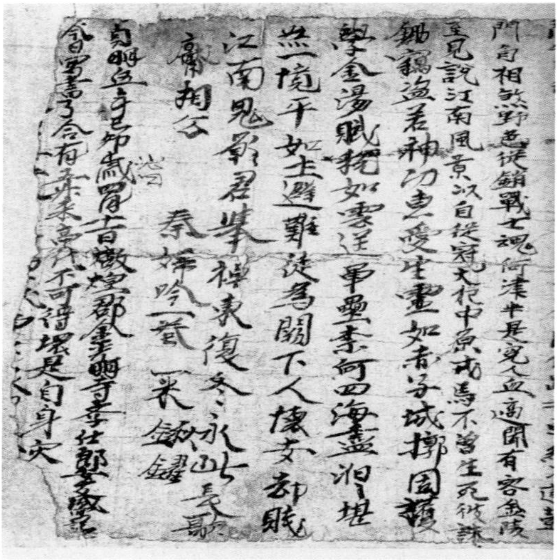

◀ 图 4-5
安友盛《秦妇吟》抄本

己不抄让学生抄、学生以抄写为"灾"均反映出他们的心理活动。同时，如果我们结合这个学士郎的身份，则还可以推测：安姓是昭武九姓之一，该学郎很可能是粟特人后裔，或原本居住在敦煌粟特人聚居的从化乡；粟特人亦有学童出家进敦煌佛寺（这里是金光明寺）学习，不但已有了初步的书写汉字的基础，而且还要学习这样一首当时甚为流行的长篇叙事诗 ①。能将如此长诗作为学士郎的学习内容，连同考察敦煌写卷中数以百计的学郎诗抄，不仅可见当时敦煌寺学的教学内容、水平及方法，而且也可以使我们联想到唐诗从创作、传播、普及以至繁荣的重要原因。

如此着眼并拓展到其他同题写本，这些写本残卷所包含的丰富的文化内涵是否就可以得到更加充分的展示呢？我想，这应该可以丰富我们对写本文化"约定俗成"的认识。

下面再对"俗"做些补充说明。《说文解字》云："俗，习也。""俗"的范畴、内容也颇广泛，如风俗、习俗、民俗等；这些"约定"并"习见""通行"之"俗"，可统称为"通俗"。前例所反映的唐代诗歌创作、诵读、抄写的流行，也可以认作是唐代社会的明显习俗。当然还有在相当程度上并不能被社会普遍认同而在一定范围与程度通行的"庸俗""低俗""媚俗""粗俗"等，恐怕更带有个性化色彩，某种意义上只是"约定俗成"之异化，暂不在本文讨论之列 ②。通俗的形成，无非有"自上而下"及"自下而上"两种途径。前者，在敦煌、吐鲁番写本文献里

---

① 此诗抄写时间为贞明五年（919），距作者韦庄去世约十年；已知另一位该寺学郎张龟的《秦妇吟》抄本的时间是天复五年（905），可见尽管作者生前自己讳提此诗，而在其生前身后，该诗一直作为敦煌寺学的教材在传抄。
② 目前在书法界饱受诟病的"丑书"，恐怕即属此类。

▲ 图 4-6

欧阳询《化度寺塔铭》拓本

最典型的例子就是名家法帖的拓本与临本。如敦煌莫高窟藏经洞所出唐太宗书《温泉铭》拓本、欧阳询书《化度寺故僧邕禅师舍利塔铭》拓本、柳公权书《金刚经》拓本，蒋善进临写的《千字文》写本，多个临写王羲之的《十七帖》《兰亭序》写本；吐鲁番所出的多个《急就篇》《千字文》写本等（图 4-6、图 4-7、图 4-8）①。原本凤毛麟角的书法精品及著作名家、帝王的个性

① 详见毛秋瑾著《敦煌吐鲁番文献与名家书法》一书所论述，山东画报出版社，2014 年 7 月。

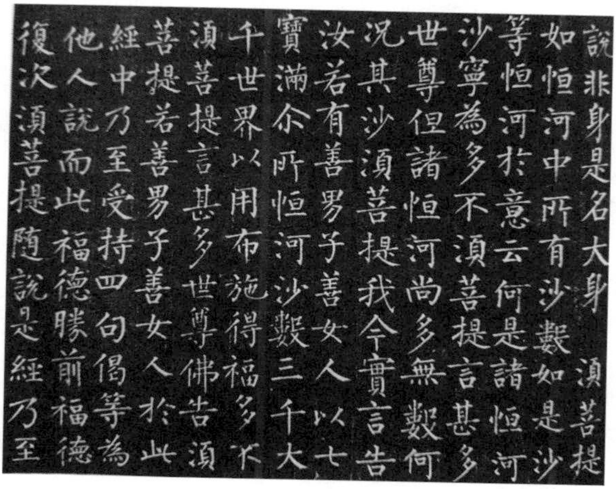

說非身是名大身須菩提
如恒河中所有沙數如是沙
等恒河於意云何是諸恒河
沙寧為多不須菩提言甚多
世尊但諸恒河尚多無數何
況其沙須菩提我今實言告
汝若有善男子善女人以七
寶滿尒所恒河沙數三千大
千世界以用布施得福多不
須菩提言甚多世尊佛告須
菩提若善男子善女人於此
經中乃至受持四句偈等為
他人說而此福德勝前福德
復次須菩提隨說是經乃至

▲ 图 4-7

柳公权书《金刚经》拓本

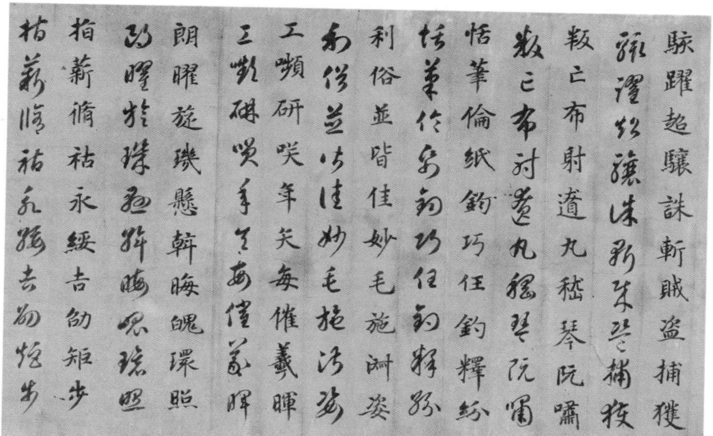

▲ 图 4-8

双体《千字文》写本

化创作，被全社会所认同、推崇，乃至刻石立碑，纷纷临摹、抄写而广泛流行，甚或成为通行的蒙学、书学教材①。后者，最典型的例子还是敦煌写卷中为数甚多的学士郎诗抄。这些大多是唐五代时期受民众喜爱的"打油诗"，因其内容、形式的简洁直白与不事雕琢，不但影响到如李白、白居易等大诗人的创作风格，也导致同时在中原地区与西北边塞广泛传抄、仿作②，起到了推动诗歌创作大繁荣的作用。

莫高窟藏经洞所出写卷，除了佛教经、论、疏，道经，以及《论语》《诗经》等四部传世典籍等写本外，涉及当时当地通行的民风习俗内容的写本也甚多，抄写方式亦各有约定俗成之特色。如讲经文、变文类说唱文本的抄写，地志类写本，邈真赞，寺院经济文书，僧传，民间契约，书仪范本，历日，星象云气占卜，番汉文对抄，等等，均可进一步做细化的分析研究。至于不同时期、不同人抄写不同内容文本所使用的笔墨纸砚与约定俗成的问题，涉及物质生产与精神产品关系的范畴，更是有待学界方家进一步探究的课题。

2019 年 3—5 月　于北京、剑桥

---

① 前文所述韦庄《秦妇吟》的例子亦属此类。
② 如文字基本相同的诗歌，出现在敦煌、吐鲁番学士郎诗抄和长沙铜官窑的瓷器上，即是明证。

敦煌方志写本的地域特色

　　1900 年敦煌莫高窟藏经洞所出的约 6 万件（号）4—11 世纪的古代写卷，除佛、道等宗教典籍外，还有大量社会文书及可归入传统经、史、子、集四部书类的珍贵文献，其中带有鲜明敦煌地域特色的地方文献颇引学界注目。本文则在前人释读整理敦煌方志写本的基础上，试就其地域特色谈点粗浅的认识。

一

著名历史学家王仲荦教授曾著《敦煌石室地志残卷考释》专书（上海古籍出版社，1993；后收入《王仲荦著作集》，中华书局，2007），就已知藏经洞所出地志类写本详加考释，计有 15 种 17 个卷号（图 5-1、图 5-2）：

1. 敦博 58 号《唐天宝初年地志残卷》（或称"唐天宝初年郡县公廨本钱簿"）

▲ 图 5-1

王仲荦先生

▲ 图 5-2

王仲荦先生著作书影

2.P.2522 号《贞元十道录·剑南道残卷》

3.P.2511 号《诸道山河地名要略第二》

4.P.2005 号、P.2695 号《沙州都督府图经》

5.S.2593 号《沙州图经》（另有与此相关的《张孝嵩事迹考》）

6.S.0788 号《沙州地志残片》

7.P.2691 号《沙州志残片》

8.S.5448 号《敦煌录》

9.P.3721 号、S.5693 号《瓜沙两郡大事记》

10.S.1889 号《敦煌氾氏人物传》

11. 敦煌蔺氏原藏向达抄本《寿昌县地镜》

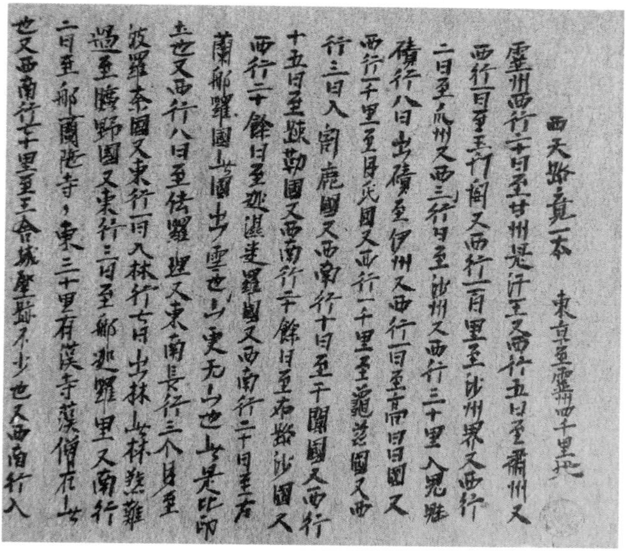
西天路竟一本　東京至靈州四千里地
靈州西行二十日至甘州是汗王又西行五日至肅州又
西行一日至玉門關又西行一百里至沙州界又西行
二日至瓜州又西行三日至沙州又西行三十里入鬼魅
磧行八日出磧至伊州又西行一日至高昌國又
西行一千里至月氏國又西行一千里至龜茲國又西
行三日入割鹿國又西南行十日至于闐國又西行
十五日至疏勒國又西南行二十餘日至布路沙國又
西行二十餘日至迦濕彌羅國又西南行二十日至左
蘭那羅國此國出雪山更無山也此是北印
土也又西行八日至佉羅理又東南長行三个月至
波羅奈國又東行一日入林行廿日出林此林熱難
過至臚野國又東行三日至那迦羅里又南行
二日至那蘭陀寺東三十里有漢寺漢僧在此
也又西南行七十里至王舍城屋宇不少也又西南行入

图 5-3 ▶
西天路竟

12. S.0367 号《沙州伊州地志》

13. P.2009 号《西州图经》

14. P.3532 号《慧超往五天竺国传》

15. S.0383 号《西天路竟》（图 5-3）

之前，兰州大学郑炳林教授曾出版《敦煌地理文书汇辑校注》一书（甘肃教育出版社，1989），汇校了 43 个敦煌写本，分为 6 个部分：一、"沙州、伊州、西州地区残地志"（9 个卷号）；二、敦煌地理杂文书（12 个卷号）；三、全国性地志（4 个卷号）；四、往西域行记（7 个卷号）；五、往五台山行记（6 个卷号）；六、姓氏地理遗书（5 个卷号）。鉴于其采用比较宽泛的"地理文书"概念，与传统意义上的"方志"不能等同。而王仲荦先生的考释完成于 1984 年之前，又于 1986 年逝世，不可能看到郑书，或许材料尚有缺漏。按通常我们对地方志内容的理解及王先生的选取标准，我认为还可以再补充两种：

16. P.2625 号《敦煌名族志》

17. 敦博 76 号《地志残卷》

之后，敦煌研究院李正宇研究员也曾对藏经洞所出 8 种"乡土志"做了详尽的笺证（《古写本敦煌乡土志八种笺证》，台北新文丰出版公司，1998）。这 8 种是：

1.《沙州图经卷第一》（S.2593）

2.《沙州都督府图经卷第三》（P.2005）

3.《沙州图经卷第五》（P.5034）

4.《沙州志》（S.0788）

5.《沙州伊州志（沙州寿昌县之部）》（S.0367）

6.《沙州归义军图经略抄》（P.2691）

7.《敦煌录》（S.5448）

8.《寿昌县地境》（敦煌吕钟氏抄本）

其第三种为王书所缺，系据日本学者池田温教授定名（黄永武教授定名为"沙州附近关山泉泽等地志"）；第六种定名与王书有异(《敦煌遗书总目索引新编》则依其中有"沙州城土镜"一则而定名)；第八种注明用"敦煌吕钟氏抄本"，与王先生所用向达先生过录本为同一抄本。这样，现知藏经洞所出地志，共有 17 种 20 个卷号。上列 17 种写卷中，有 4 种属于唐代全国性的方志，并非敦煌当地所撰，不列入本文论述范围。其余 13 种地志，视其内容及文字风格，则皆应出自敦煌士子之手，具有鲜明的地域特色。王、李二位先生的工作，为我们研究敦煌地志写本打下了坚实的基础。此外，笔者同门学长来新夏教授在其专著《中国地方志》（台湾商务印书馆，1995）第二章《历代的方志编纂》和《古籍整理讲义》（鹭江出版社，2003）的《论地方志》一章里均曾简略提及藏经洞所出的《沙州图经》与《西州图经》，称许其"文字简洁，叙事明爽""有助于研究唐代志书的编纂体例"，启示笔者去进一步探究敦煌地志的风格特色。

二

我国古代方志源远流长，其源头各说不一，但最初形式肯定与"版图"有关。《周礼·天官冢宰》说"官府之八成经邦治"，其三即"听闾里以版图"，司书职掌"邦中之版，土地之图"；《周礼·地官司徒》说大司徒"掌建邦之土地之图与其人民之数"；《周礼·夏官司马》说得更具体明确："司险掌九州之图，以周知其山林、川泽之阻，而达其道路。""职方氏掌天下之图，以掌天下之地，辨其邦国、都鄙、四夷、八蛮、七闽、九貉、五戎、六狄之人民，与其财用九谷、六畜之数要，周知其利害。"其中"版"系户籍，兹不论及。"图"即地图，图与文字配合，谓之图志、图经。后来"经""志"的文字逐渐充实、加强，官修方志的基本框架、内容遂形成规模。如《新唐书·百官志》所云：

（兵部）职方郎中、员外郎各一人，掌地图、城隍、镇戍、烽候、防人道路之远近及四夷归化之事。凡图经，非州县增废，五年乃修，岁与版籍偕上。凡蕃客至，鸿胪讯其国山川、风土，为图奏之，副上于职方；殊俗入朝者，图其容状、衣服以闻。①

由此可见，唐代以"图经"为主的官修方志的基本框架是图文相辅，内容大致包括山川地名、建置设施、道里四至、风土人情（全国性总志如《括地志》《元和郡县图志》，地方性志如《蛮书》《吴地记》）。这类宋代以前中央或中原地区州、郡的官方图经，孑遗甚稀，已难睹真貌；至于边鄙所撰，更是几乎湮没无闻。宋元以后方志流传渐多，内容也逐渐充实，尤其是明清时期官修方志规模扩展，蔚为大观，所含门类日益丰富，乃至包罗万象，许多内容往往既与正史中地理志、艺文志的记叙相近，又常常包含在正史或野史的一些史传（如人物传记、四夷传等）中，所以历代论方志者不乏"史""志"（"传"）之辩。现在我们看到了弥足珍贵的敦煌所出地志的唐五代写本原貌，庶几可了解当时地方史志类图经的真实情况，对其时代性（或曰实时性、当代性）、地域性当有更真切的感受。

敦煌所出当地的13种地方志（乡土志），其名称不一，有"图经""志""录""人物传""大事记""地镜""路竟"等，实际上大致可以归为两类：一是原先有地图的"图经"，一是

---

① 《新唐书》，中华书局，1979 年，第 1198 页。

以地域为中心，或附有人物、名族等无图的"志书"。鉴于图经类几种的图皆已佚失，仅存文字部分，而且今天看来二者在记录、叙述方式上并无太多的区别。因此，本文不想对这 13 种地方志做更细致的分类研究，只是就它们所体现的地域特色谈谈自己的认识。

三

要认识敦煌地方志的地域特色，必须首先了解敦煌在著名的"丝绸之路"上的特殊地位。《隋书·裴矩传》引了裴所撰《西域图记·序》里的一段话：

发自敦煌，至于西海，凡为三道，各有襟带。北道从伊吾经蒲类海……至拂菻国，达于西海。其中道从高昌……至波斯，达于西海。其南道从鄯善、于阗……至北婆罗门，达于西海。其三道诸国，亦各自有路，南北交通。……故知伊吾、高昌、鄯善，并西域之门户也。总凑敦煌，是其咽喉之地。①

裴矩的这段话非常重要，说明经过隋炀帝时代的苦心经营，

---

① 《隋书》，中华书局，1979 年，第 1579—1580 页。

隋唐之际，丝绸之路出敦煌西行已经有了相对稳定的南、中、北三道，分别以鄯善（古楼兰一带）、高昌（治今新疆吐鲁番）、伊吾（治今新疆哈密）三地为进入西域的“门户”；而敦煌则为“总凑”三道之“咽喉之地”。敦煌对于丝绸之路的重要性，非同一般。然而，唐代正史及全国性地志所载丝路，也只是几条干道而已，具体交通均语焉不详。敦煌所出地志则正好弥补了这个缺憾，并成为其十分引人注目的特色。

P.2005 号《沙州都督府图经》除开头部分有残缺外，是 13

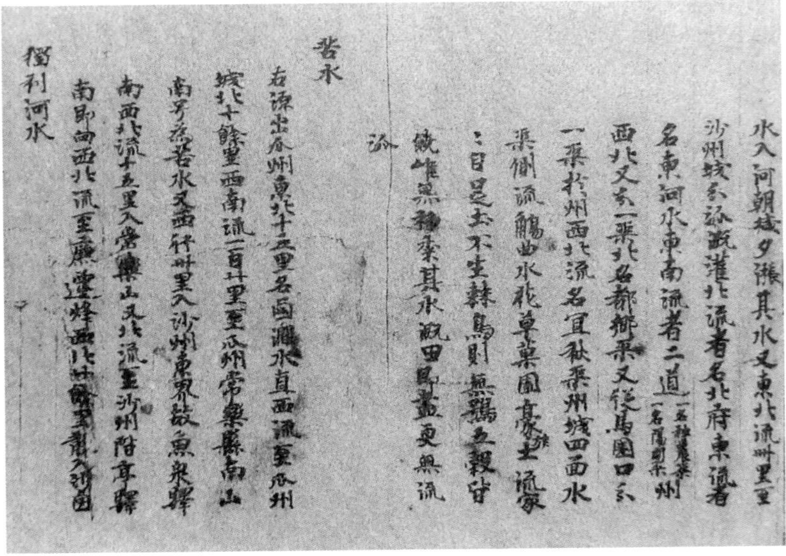
水入河朔域夕漲其水又東北流卌里至
沙州城分派溉灌北流者名北府東流者
名東河水東南流者二道一名神農渠 一名陽開渠
州西北又分一渠北名都鄉渠又從馬圈口分
一渠於州西北流名宜秋渠州城四面水
渠側流觴曲水花草果園豁達蕩
自是土不生棘鳥則無鴞五穀皆
饒唯無稻黍其水溉田即盡更無流
派
苦水
右源出瓜州東北十五里名卤澗水直西流至瓜州
城北十餘里西南流一百廿里至瓜州常樂縣南山
南又流名苦水又西行卅里入沙州東界故魚泉驛
南西北流十五里入常樂山又北流至沙州階亭驛
南即向西北流至廉靈烽西北廿餘里散入沙鹵
獨利河水

▲ 图 5-4

《沙州都督府图经》

种方志中体例、内容最为完整者，其叙沙州以东及东北"一十九所驿并废"的文字尤可注意（图 5-4）。这 19 所驿站名称如下：州城驿、清泉驿（原名神泉驿）、横涧驿（驿侧有涧）、白亭驿（因烽为号）、长亭驿（因烽为号）、甘草驿（驿侧有甘草）、阶亭驿（因烽为号）、瓜州三驿（新井、广显、乌山）、双泉驿（置第五道莫贺延碛）、第五驿、冷泉驿、胡桐驿、东泉驿、其头驿、悬泉驿（原空谷驿，置悬泉谷）、鱼泉驿、无穷驿（置无穷山）、空谷驿（置空谷山南）、黄谷驿。该志中不仅注明每一驿"去州东"或"在州东""在州东北"的道里数，而且特别强调为"奉敕置""奉敕移"或"奉敕移废"；其得名则大多与山、泉、涧、草木及烽燧相关，有的还透露了改道、改驿的缘由；有四驿则明确规定了"沙州百姓越界捉"。这为我们了解唐代丝路咽喉之处驿站设置及功能提供了非常难得的信息。

丝路中道（即旧北道）是唐时最常用、通畅的途径，但实际情况是在出阳关或玉门关后，和通伊吾、北庭的新北道有交叉。敦煌本 P.2009 号《西州图经》残卷就为我们提供了中、北交叉"道十一达"干线的具体情形：

赤亭道　右道出蒲〔昌县界〕碛卤杂沙（以下残缺，用……表示）

新开道　右道出蒲〔昌县界〕……〔贞〕观十六年……有……

之……阻贼不通……

花谷道　右道出蒲昌县界，西合柳中，向庭州七百卅里，丰水草，通人马。

移摩道　右道出蒲昌县界，移摩谷，西北合柳谷，向庭州七百卌里，足水草，通人马车牛。

萨捍道　右道出蒲昌县萨捍谷，西北合柳谷，向庭州七百卅里，足水草，通人马车牛。

突波道　右道出蒲昌县突波谷，西北合柳谷，向庭州七百卅里，足水草，通人马车牛。

大海道　右道出柳中县界，东南向沙州一千三百六十里，常流沙，人行迷误。有泉井，咸苦。无草。行旅负水担粮，履践沙石，往来困弊。

乌骨道　右道出高昌县界北乌骨山，向庭州四百里，足水草，峻险石麓，唯通人径，马行多损。

他地道　右道出交河县界，至西北向柳谷，通庭州四百五十里，足水草，唯通人，马行多损。

白水涧道　右道出交河县，西北向处月以西诸蕃，足水草，通车马。

银山道　右道出天山县界，西南向焉耆国七百里，多沙碛卤，唯近烽足水草，通车马行。

此 11 道，王仲荦先生均有考释，证明不仅可大大补充正史典籍记载之不足，而且恰好弥补了玄奘《大唐西域记》所述在出敦煌进入阿耆尼（焉耆）、屈支（龟兹）之前的经行道路，无论是沿丰茂水草而行的通畅之路，还是不得已涉足流沙蔽日的困顿之径，都为我们今天考证玄奘西行经伊州至高昌提供了可靠的历史信息与丰富的想象空间。近 30 多年来，考古工作者也参考《西州图经》，对上述道路进行了卓有成效的踏查，取得了积极的成果。

首尾完整的《寿昌县地镜》原藏敦煌某氏，现已下落不明，至为可叹（王仲荦先生说此卷后归敦煌博物馆，似不确）。幸向达先生曾据抄本转录，使我辈今日尚能得见其内容。该卷尾题"晋天福十年乙巳岁六月九日，州学博士翟上寿昌县令《地镜》一本"。据向达先生考证，此卷当为公元 945 年由后来成了著名天文历法家的翟奉达所撰呈。笔者认为该卷最重要的价值在于记载了玉门关以西的地理、城池情况，如石城（古鄯善、楼兰）、屯城（伊循）、新城（古弩支）、葡萄城（今若羌）、萨毗、蒲昌海（罗布泊）、播仙镇（故沮末城，今且末）等，这正是丝路南道的经行之处。与 S.0367 号《沙州伊州地志》的记载相印证（如"萨毗城……近萨毗泽，山险阻，恒有吐蕃及吐谷浑来往不绝"），此南道因常有吐蕃、吐谷浑兵马骚扰，故时被阻断，加上自然条件越趋恶劣，乃至最终被废止。

撰写时间稍晚（约在宋初）的 S.0383 号《西天路竟》也记载了从东京（开封）出发至灵州（今宁夏灵武西南）西行印度求法取经的路程，据王仲荦先生考释，其大致路线为：玉门新关—瓜州—沙州—（经莫贺延碛）伊州—高昌—焉耆—龟兹—割鹿（葛逻禄）—于阗—疏勒—布路沙（大勃律）—迦湿迷罗（克什米尔）—印度（天竺各国）。这实际上也是先北上再南折经行丝路中道赴印度的路线，说明这条道路至少在宋初还是基本畅通的。这里还要顺便提及，敦煌所出 P.3532 号的《慧超往五天竺国传》残卷所载慧超西往天竺求经之西域山川城池，基本上在今尼泊尔、印度境内，前辈学者已对照《法显传》《大唐西域记》等有详细考辨，当然也为中唐以后的西域交通及风土人情提供了第一手信息，其珍贵价值自不待言。

四

敦煌地志鲜明的地域特色还体现在对西部山川风土简洁而生动的描述上。鉴于撰写者应系敦煌本地的文人士子，多为亲眼目见，自身感受或得诸当地民间传闻，故能写得真切动人。
如对敦煌鸣沙山的叙述：

水东即是鸣沙流山。其山流动无定，峰岫不恒，俄然深谷
为陵，高崖为谷，或峰危似削，孤岫如画，夕疑无地，朝已干霄。
中有井泉，沙至不掩。马驰入践，其声若雷。（《沙州都督府图经》）

鸣沙山，去州十里。其山东西八十里，南北四十里。高处
五百尺，悉纯沙聚起。此山神异，峰如削成。其间有井，沙不能蔽。
盛夏自鸣，人马践之，声振数十里。风俗：端午日，城中士女
皆跻高峰，一齐蹙下，其沙声吼如雷。至晓看之，峭崿如旧，
古号鸣沙、神沙而祠焉。（《敦煌录》）

鸣沙山的范围、形态、动势，山下井泉（即今月牙泉）"沙
不能蔽"的神奇，乃至当地端午时节士女登高滑沙的风俗，均
用以四言为主的寥寥数语便描述得鲜活灵动。前引"峰危"四
句静动结合，极为凝练、传神；后引"风俗"数语，俨然一幅
风情画。如此文字，若无亲见身历、有实际感受，是写不出来的。
当然也有若干在敦煌地区流播广泛的民间传说、历史故事，在
这些地志作者的笔下也栩栩如生。例如大将李广利刺山飞泉形
成贰师泉的故事，北凉时老父投书预言兴亡的记载，唐初刺史
张孝嵩（一曰张孝恭）屠龙为民除害的传说，均文字简要而叙
述清晰、生动、完整，有的还征引《西凉异物志》《十六国春秋》

等志书叙其来历，以增添其可信度与感染力。

西部边塞特有的"土河"及古长城遗址等，由于撰志者经过认真的踏勘，在这些地志中也有具体的记述，如记"古长城"：

> 高八尺，基阔一长，上阔四尺。右在州北六十三里，东至阶亭烽一百八十里，入瓜州常乐县界。西至曲泽烽二百一十二里。正西入碛，接石城界。……因汉元帝竟宁元年，侯应对词曰：孝武出军征伐，建塞起亭，遂筑外城，设屯戍以守之。即此长城也。（《沙州都督府图经》）

不仅说明此汉长城修筑由来及年代，而且至盛唐时期犹存宏大规模，在沙州境内即绵延300余里，而且一直穿越沙碛，延伸到石城镇（今新疆若羌），为我们今天进一步考察长城遗迹提供了宝贵的线索。其他重要遗址，如古塞城，阿（河）仓、效谷古城，阳关、玉门故关，地志中俱有记述。另如该图经中对戈壁绿洲"沙碛至多，咸卤盐泽，约余大半"的记载亦颇具特色，如：

> 东盐池水　右在州东五十里，东西二百步，南北三里。其盐在水中，自为块片，人就水里漉出曝干，并是颗盐，其味淡于河东盐，印形相似。

> 西盐池水　右俗号沙泉盐……总有四陂，每陂二亩已下。时人于水……

中漉出，大者有马牙，其味极美，其色如雪。取者既众，用之无穷。

S.0788号《沙州地志》中对东、西盐池的记载略同；S.0367号《沙州伊州地志》残卷对"陆地盐池"的描述则是"碛中无水，陆地出盐。月满味甘，月亏即苦。积久采取，竟无损减"。与《元和郡县图志》中有关伊州"陆盐池"的记述可相印证，其盐味和月亮盈亏的关联是否有科学依据，颇值得研究。

此外《图经》中还有对"蒲昌海五色"的描述，虽然其本意是作为"祥瑞"来记载的，却反映了位于塔里木盆地的罗布泊，在唐代时而"浊黑混杂"时而"清明彻底"，变幻不定的事实；而在《寿昌县地镜》《沙州伊州地志》中，都说当时"蒲昌海……其海围广四百里"。其主要水源来自汇入的两支流——葱岭河（即今叶尔羌河）和于阗河（即今和田河），"伏流地下，南出积石山"，成为季节性河流（即今塔里木河）。这些，对我们了解这一特殊地貌的环境变迁不无参考意义。

五

作为丝绸之路咽喉的敦煌地区，不仅是中西商贸活动的重镇，也是古代中华文明、印度文明、希腊罗马文明和伊斯兰文明的交汇之地，是各民族文化交流的大舞台，也是儒家与佛、道、摩尼及景教、祆教相容并蓄的场所。同时，大规模兴修水利，积极发展农牧业，重视官学、私学、寺学并举的学校教育，这就形成了敦煌地区独特的人文背景。这一点，为莫高窟藏经洞丰富的古代文献所证明，在敦煌地志中也多有体现。限于篇幅，本文仅选取居民成分和信仰、习俗方面的内容略加说明。

在汉武帝开拓西域之前，敦煌原是"地广民稀"（《汉书·地理志》）之地，自西汉元鼎六年（前111）设敦煌、张掖二郡后，又设阳关、玉门关，大批汉人来此屯垦戍边，该地区的居民人数增加，构成亦发生了变化，最终形成一个多民族聚居的移民社会。我们从藏经洞所出《敦煌名族志》和几种敦煌地区的"百家姓"可以得知，从西晋到唐五代宋初，不仅中原、江汉地区人户曾大量陆续移居敦煌，而且东往西来的僧人和"商胡"亦不乏定居敦煌者。汉、藏（吐蕃）、吐谷浑、回鹘、粟特、印度、波斯、昭武九姓（石、史、米、康、曹、安等）及新罗等民族和姓氏族群均在敦煌共同生活。一方面，敦煌地区的世家望族（如张、阴、氾、索、曹、李等）每每掌控了该地区的政治权力；另一方面，他们也对传承儒家文化起到了十分关键的作用。例如 S.1889 号《敦煌氾氏人物传》着重记载了氾氏自公元前 28 年"自济北卢县，徙居敦煌，代代相生，遂为敦煌望族"的 11 位名人传记，其中就特别强调了他们的学问由来与学术传承，所谓"学通经礼""博学属文""明通经纬""善属文""有经学"云云，都和敦煌地区长期重视讲授儒家经学有关。另如《沙州都督府图经》载：

州学　右在城内，在州西三百步。其学院内东厢，有先圣太师庙，堂内有素先圣及先师颜子之像，春秋二时祭祀。

县学　右在州学西，连院，其院中东厢有先圣太师庙，堂内有素先圣及先师颜子之像，春秋二时祭祀。

该《图经》还专列"嘉纳堂"一则，引述了《西凉录》的记载："凉王李暠庚子五年，兴立泮宫，增高门学生五百人。起嘉纳堂于后园，图赞所志。"像这样在敦煌地区招收数百上千生徒讲授经学的情况，在史书中也有记载。又如该《图经》里"张芝墨池"一则，不但赞颂了敦煌张芝、索靖在我国书法史上的崇高地位，而且肯定了敦煌县令赵智本"劝诸张族一十八代孙""令修葺墨池，中立庙及张芝容"的重视文化传承的举动。至于在中晚唐时期敦煌地区引人注目的"寺学"状况，笔者另有撰述，兹不赘述。

事实证明，作为有莫高窟千佛洞胜境的敦煌地区，不仅佛教繁盛，其他宗教与民间信仰也兼容并行不悖。如《图经》中列有"四所杂神"，除土地庙、风伯神、雨师神外，还有信奉拜火教的火祆庙（《沙州伊州地志》中称"火祆庙，中有素书，行像无数"），有"其水咸苦，唯泉堪食"的"兴胡泊"（《沙州地志》的说明是"余水皆苦，唯此可饮"），与商胡密切相关。敦煌文献中还每见"从化乡"名，系以经商为主的粟特人集中居住的村落。《敦煌录》中除记叙莫高窟外，也记载了金鞍山神庙、李先王庙、玉女泉观等。据敦煌研究院谭蝉雪研究员的考察，唐五代时期敦煌的宗教、岁时节日的民俗活动丰富多彩，每月都要举行5次以上，除佛教的上元、浴佛、行像、盂兰盆节、印沙佛等活动外，祭社稷、赛祆、赛天王、赛青苗、葡萄、驼马等各色神，祭风伯雨师川原、驱傩等等，几乎各种宗教与民间信仰、各民族风采都有其充分展示的活动场所，都得到政府、寺院与民众社团的支持。《沙州都督府图经》末尾引述了唐载初元年（689）风俗使从敦煌地区"百姓间采得"的"歌谣"，歌颂这个"黄山海水，蒲海沙场；地邻蕃服，家接浑乡"的戈壁绿洲："穆斯九族，绥彼四方"，"包含五色，吐纳三光"。我以为，这正是古代敦煌历史文化兼容、包容、宽容特性最简洁、形象的概括，也是敦煌方志最鲜明的地域特色。

2007 年 4 月定稿于杭州萧山

中国民俗传统体育的
文化内涵

　　中国民俗传统体育，是指由生活在神州大地上各民族长期以来共同创造、传承有序的丰富多彩的体育活动内容及其形式，有着深厚的历史文化内涵，体现了追求强身健体、尽善尽美的人文精神，是我国传统文化重要的组成部分。这里以敦煌古代体育与岁时节日文化为例，谈谈中国民俗传统体育的文化内涵。

　　"文化传承"现在成为一个热门话题。广义的文化指"人类所创造的物质财富与精神财富的总和"；在中国古代，"文化"属于"文治与教化"的特定范畴。

　　我本次所讲，属于"体育文化"的范围。"体育文化"是指体育（包括体育运动、体育教学、体育文物等）蕴含的文化内涵。体育文化的主体是人，因此以关注人的强身、健体、养性为中心任务的"人文体育"是体育文化的核心与精髓。

　　在中国民族传统体育运动中，民俗体育活动是其中最为丰富多彩、最有生命力的部分。在5000年中华文明史中逐渐形成、积累、发展、传承的民俗传统体育，是与各民族的民间习俗、岁时、假日、节庆及宗教文化密切关联的全民健身活动，也是传统体育中具有丰富文化内涵的部分。

　　中国古代敦煌是著名"丝绸之路"的咽喉之地，是华夏文明和印度、希腊、伊斯兰文明交汇的文化重镇。季羡林教授曾强调指出："世界上历史悠久，地域广阔，自成体系，影响深远的文化体系只有四个：中国、印度、希腊、伊斯兰。而这四个文化体系汇流的地方只有一个，这就是中国的敦煌和新疆地区。"我国中古时期的敦煌地区，作为一个多民族聚居的移民社会，物质生活基本自给有余，官学、私学和寺学并存，儒学与佛、道、祆、摩尼、景教等各种宗教文化交融，岁时节庆活动频繁，为民俗体育活动提供了宽广的舞台。作为举世闻名的文化艺术宝库，在敦煌莫高窟总数 2000 多身彩塑、约 4.5 万平方米壁画和 6 万卷（号）藏经洞所出的古代写本中，有十分丰富的体育图像和相关文献资料，成为我们今天研究丝绸之路文化交流互鉴与中华民俗传统体育文化遗产的珍贵信息。受到近些年来我国体育史研究学者、专家诸多成果的启发，这里仅根据我对敦煌地区遗存的民俗体育活动文物图像与文献资料的粗浅研究，从敦煌古代体育与岁时节日文化关系的角度，谈一些个人的认识。

我认为，我国古代敦煌地区的民俗传统体育文化具有以下鲜明的特色：

第一，体育活动门类齐全，内容丰富多彩，与岁时节庆密切相关。敦煌石窟壁画图像及藏经洞所出文献显示，自两晋至隋唐五代时期，敦煌地区的体育活动丰富多彩，几乎涵盖了我国古代体育的各种门类，如角力技巧（角抵、摔跤、相扑、筋斗）、

◀ 图 6-1 （a，b）

甘肃魏晋墓砖画《狩猎》

◀ 图 6-2

敦煌壁画《出猎图》

▲ 图 6-3

敦煌壁画摔跤

▲ 图 6-4

敦煌壁画射猎

▲ 图 6-5

敦煌壁画《骑射图》

▲ 图 6-6
举象壁画

▲ 图 6-7
举象纸画

博弈游艺（棋弈、投壶、风筝、秋千、竹马、藏钩）、球类（蹴鞠、马球、步打球）、射箭（骑射、劲射）、赛马、投掷（投槊、标枪、掷重）、跳跃（逾高、跳远）、登高踏青（登山、踏青、滑沙）、水上（游泳、操舟）、武术、举重等等（图 6-1、图 6-2、图 6-3、图 6-4、图 6-5、图 6-6、图 6-7）。这些体育活动有一个显著的特点，即其中大多与当地的民俗岁时节庆活动密切相关。这些活动包括佛教及民间宗教信仰的仪式祭典与各种赛神活动（如赛天王、赛金鞍山神、赛祆、赛青苗、赛驼马、赛张女郎神等等），以及岁时节庆、婚丧嫁娶仪式等等，每年从正月元日到腊月岁末几乎持续不断（据敦煌研究院谭蝉雪研究员的统计，全年超过 60 项，仅正月就有十四五项之多），成为当时士庶僧众不可或缺的生活内容。这些项目，既是中国古代岁时节日文化的重要组成部分，又以其鲜明的多元化民族风格与浓厚的体育文化内涵，传承和发展了我国优秀的传统文化。

第二，融汇各民族、多宗教的文化内容，形式活泼多样。敦煌地区多民族聚居（唐五代时期即居住有汉、藏、粟特、回鹘、昭武九姓、新罗等民族的居民），又是各种民族文化交流融合、各种宗教信仰相容并存之地，其体育文化也呈现出多元性。例如赛袄、苏幕遮、赛天王、浴佛、浴僧、驱傩等活动，均带有各民族、不同宗教文化交融的特色。如有的研究者特别注意到敦煌地区腊月举行的藏钩游戏被敦煌写卷归入《释门杂文》之中，将"游戏与斋会联系起来"，可见佛教文化的影响力也涉及民俗体育。需要强调指出的是，古代敦煌的许多体育活动并不单纯是岁时节日文化的衍生或共生现象，更不是扮演依附于宗教活动的弘法宣教角色，而是相对独立、自成体系、特色鲜明，具有普世价值的人本需求与人文关怀。如壁画上许多描绘宗教活动的图像恰恰是世俗生活的折射或直接反映。又如在藏经洞所出《父母恩重经讲经文》写卷中将沉湎于樗蒲赌博列为恶习而加以劝诫，表明了对这类活动的正确引导。

第三，民间社团认真组织，民众广泛参与，具有自发、自娱、自主的休闲特色，同时也得到官府的积极支持。中国古代的岁时假日节庆活动往往具有全民性。我们从莫高窟藏经洞所出的一些世俗和寺院文书得知，古代敦煌在岁时节日举行的包括乐舞在内的体育活动，带有鲜明的自发、自娱、自主的群体休闲特点，往往由民间社邑（如当地有"女人社"，是春游、拔河、斗百草等民俗体育活动的积极组织者）自筹"经费"（大多为胡饼、食油、酒之类）举办，由衙府、寺院、学校（包括公、私、寺学）支持，具有广泛的群众性。不仅士庶民众（包括妇女、儿童）

▲ 图 6-8

榆林窟童子举步打球杆

积极参与，寺院的僧人也是其中的活跃分子。如壁画中就有僧人游泳的场景，我们在榆林窟第 15 窟的"化生童子"壁画上还看到了"莲花童子"举步打球杆的珍贵图像（图 6-8）。

第四，因地制宜，因时而办，地域风格鲜明。我国疆域辽阔，山河壮丽秀美，地域文化各具特色，为因地制宜开展内容丰富、形式各异、风格多样的民俗体育运动创造了条件。敦煌的许多民俗体育活动呈现出鲜明的地域特色，且形成规模与惯例，传承有序。如四月的十乡马球赛、端午节的登鸣沙山、滑沙；又如适应不同节气、农时的各种赛神活动：元月赛天王、赛金鞍山神，二月苏幕遮，四月赛青苗，五月赛驼马，八月赛张女郎神、网鹰等，每年举办达四五十次之多。以敦煌的滑沙活动为例，它与鸣沙山地貌及农历五月敦煌进入盛夏的气候密不可分。夏日天气暖和，风力转弱，便于人们出行活动，而鸣沙山沙丘的特殊结构也因热胀而扩充间隙，众多登山者一齐滑下，就容易因摩擦而产生雷鸣般的响声。据莫高窟藏经洞所出《敦煌录》残卷（S.5448 号）记载：

> 鸣沙山，去州十里。其山东西八十里，南北四十里。高处五百尺，悉纯沙聚起。此山神异，峰如削成。其间有井，沙不能蔽。盛夏自鸣，人马践之，声振数十里。风俗：端午日，城中士女皆跻高峰，一齐麚下，其沙声吼如雷。至晓看之，峭嵝如旧，

古号鸣沙、神沙而祠焉。

又如唐代盛行的打马球运动，有史料记载系初唐时从"西蕃"传入中原，而实际上在汉魏时期的文献、文物中已经可以寻见端倪。敦煌因地处丝路咽喉，敦煌渥洼池又是传说中"天马"的产地，当地马匹硕健，为比赛用马提供了良好条件。因而此项运动到晚唐归义军时期仍盛行不衰。莫高窟藏经洞所出不少写本均有对当地在元宵、清明时节举行马球赛的记载和描述，如"比至正月十五日，球场必见喜鼓声"（P.3702《儿郎伟》），"先换音声看打球……寒食两朋方内宴，朝来排□为清明。飞龙更取□州马，催促球场下踏城"（S.6171《水鼓子》），"时仲春，草木新……场里尘飞马后去，空中球势杖前飞。球似星，杖如月，骤马随风直冲穴"（S.2049、P.2544《杖前飞·马球》）。据归义军时期的敦煌写卷记载，敦煌专门修筑了马球场，场地规模可以容纳万人（约占当时敦煌全城人口的三分之一）。除每年四月寒食时节举行全县十乡的马球比赛外，还可在节庆时操办歌筵宴赏或操练检阅时列阵排军。马球赛所需酒食由归义军衙专门供应（敦煌研究院所藏《酒账》写本中就有明确记载）（图6-9）。敦煌还有专门的结社"马球会"，球友称为"球伯"。敦煌"女人社"专门组织的女子马球赛也同样风行一时。

"民俗"的主体是"民众"，作为世界上人口最多、多民

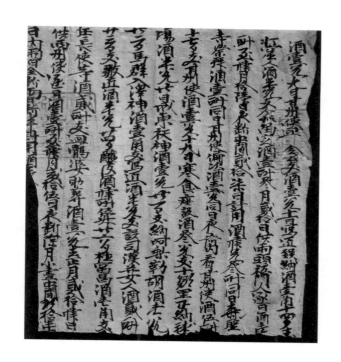

图6-9 ▶

《酒账》

族统一的国家，我认为中国民俗传统体育最清晰地体现出如下的文化内涵：

一、多元一体，开放相容

中华民族传统文化的特性，决定了民俗传统体育多元一体、开放相容的文化内涵。作为一个多民族和睦相处的统一国家，不同民族有自己特有的民风习俗与节庆活动，在长期的文化交融互补中，也逐渐形成了一些共同的民俗节庆，尤其是在像丝路沿线与敦煌这些多民族聚居、多种宗教文化并存的地区，许多民俗节庆的体育活动吸引着各民族民众一起参加，体育文化的开放性与兼容性表现得更为突出，活动也更为丰富多彩。我这里讲的"一体"，并非是指"儒家""儒学"，而是一个以儒、释、道文化交融为主体并吸取了其他思想体系文化营养的多民族、各地域和谐统一的共同体。

二、以人为本，健体为主

民俗是在长期的社会生活中因生产、生活的需求（包括精神需求）而逐渐形成、发展的。强身健体是人的基本需求和权利，中国传统体育蕴含的"人本""民本"思想，是社会进步的产物，也是符合自然与社会发展规律，符合体育本质和人类修身、健体、养性需求的文明成果。"人文体育"是"体育文化"的核心与精髓。这种"人文体育"精神，也渗透在社会生活的方方面面。将体育活动贯穿于民俗节假日之中，使参与者在得到体质锻炼与精神愉悦的同时，也获得文化的浸润，体现了一种人文关怀。民俗体育活动的多样性既是体育文化发展、繁荣的标志，也是人自身全面发展的要求。

三、贵在普及，重在参与

中国传统体育贵在参与的群众性、普及性，是体育文化得以传承、发展、繁荣的关键。民俗传统体育活动以休闲、娱乐为主，也会有一些适合大众参加的竞赛项目，如拔河、举重、射箭、赛马、角抵、龙舟竞渡等，但"夺标"并不成为其主要或唯一目的。在民俗体育中，竞技体育可以起到"助兴"作用，但绝对不能成为主流或目的，否则便会脱离了体育的本质。

四、有序传承，不断创新

民俗有其稳固性，但并非凝滞僵化、一成不变，在长期的传承中也要变化、发展。在中华民族 5000 年的文明史中，民俗体育文化源远流长，传承有序，也同时在变革、创新。一方面，这种传承虽然有时不可避免地会受到政治、经济变动和战争的影响，造成停滞乃至破坏；但另一方面，民俗传统体育又往往可以突破它们的局束，根据民众与社会进步的需求，按不断创新的自身规律向前推进。

可以说，文化的稳固性是创新的前提与基础。我们在提倡体育文化创新的同时，切切不可丢弃了中华民族几千年积淀、传承的文化养料，万万不能迷失了我们的精神家园。

我认为，敦煌古代的民俗体育活动对今天至少有如下三方面的启示：

其一，社会和谐、经济繁荣、民族融合是开展群众性体育活动的基础，思想活跃、文化多元、宽容包容则是其必要条件，而持续发展的群众性体育活动和健康、普及的学校体育教育是建设体育大国、体育强国的正确途径。

其二，自发、自主、自娱色彩浓重的休闲体育应该成为广大城市与乡村传统岁时节庆生活的重要组成部分，要更好地传承与发展中国的岁时节日文化，就应该用开展丰富多彩的体育活动的方法来充实民众的节假日生活，促进精神文明建设。

其三，体育的宗旨是通过各色各类的娱乐和竞技活动来达到健体、养性的目的，以增强全民体质，实现人文关怀。应该正确、全面地贯彻科学发展观，使第 29 届北京奥运会提倡的"人文奥运"理念，逐渐成为全民认同的"人文体育"理念，真正做到全民参与、权利平等、公平竞争，使得我们的民族、民俗传统体育文化在新的历史时期得到大发展、大繁荣。

2012 年 8 月

敦煌学研究：
旧材料，新问题

　　陈寅恪先生指出："一时代之学术，必有其新材料与新问题。取用此材料以研求问题，则为此时代学术之新潮流。"敦煌学的兴起得益于通过新材料发现新问题，经研究得出新结论。近期，有些研究者认为：现在新材料已穷尽，很难开展新的研究了。我想针对这种认识，提出"旧材料，新问题"这个论题，举些例子来说明我的一些想法，供学界同仁参考。

　　——与敦煌研究院文献所同仁座谈的主题发言

　　进入 21 世纪以来，得益于世界文化学术交流互鉴的推进，散藏于各国的敦煌写本全面刊布和敦煌地区各石窟图录类出版物的陆续印行，敦煌学研究的成果丰硕，相关人才济济。于是，有些研究者认为：现在新材料已穷尽，很难开展新的研究了。其实，并非如此。

　　首先是已刊布的敦煌写本"旧材料"缀合工作的新进展产生了新问题、新结论。

　　众所周知，莫高窟藏经洞文献本来就有不少并非整篇完帙，而在 20 世纪的流散过程中，又主要由于人为的攫夺撕裂，造成了大量的残卷断片，给定名、年代判定、内容释读等整理、研究工作带来很大困难。近些年来，由浙江大学张涌泉教授带领的研究团队，在推进写本字体释读的基础上，借助于电脑识别技术，成功地对大量的敦煌写本残卷断片进行了精准的缀合，从而在写本定名、断代、撰写人、纸张、辨伪等方面纠正了往昔研究者的不少误读、误判，得出了令人信服的新结论，已经

浙大藏写卷　　　　　　　　　　　　北敦10672號

▲ 图 7-1

敦煌残卷缀合

在多种学术刊物上发表了相关论文。他们通过研究判定，目前藏经洞所出超过 25% 的敦煌残卷可以缀合，这就产生了大量可供研究的新问题（图 7–1）。兹举最近发现的一例：

20 世纪 70 年代末或 80 年代初，我的导师启功先生从北京琉璃厂购买了中国书店所藏的一个敦煌残卷。2008 年，我根据他生前对敦煌写本的关注与多次叮嘱，请中国国家图书馆修复组专家修复后，建议他的内侄章景怀先生将此残卷捐给了张涌泉教授主持的浙江大学古籍研究所。当时我推测此乃唐人写卷，似为《十王经》写本。前不久，张涌泉教授的博士生孙秋人同学发现：该残卷可以跟 1910 年敦煌劫余写卷解京部分中的国图所藏 BD10672 残片缀合，查出系《佛说观佛三昧海经》中卷二的部分经文。该残片据方广锠等先生鉴定，曾断为公元 5—6 世

这张纸就已经一千三百年以上

◀ 图 7-2
启功展示敦煌残卷

纪写本。最近，有人在网络上发布了启功先生曾在 80 年代初讲书法课时展示这个残卷的视频，当时启功先生将此残卷断定为1300 多年前的隋代写经（图 7-2）。这就为研究该残卷抄写年代、定名等一系列相关问题提供了新的依据。

其次是原有写本经研究者重新释读发现了新问题，得出了新的科学结论。

例如英藏 S.3046 卷，近百年来一直被众多研究者定名为"随手杂写"，多年来并无不同意见。

前不久，经首都师范大学历史学院郝春文教授指导的武绍卫博士精心琢磨阅读方式重新释读，居然发现其实是阐发禅意的一首完整的回文诗（图 7-3）：

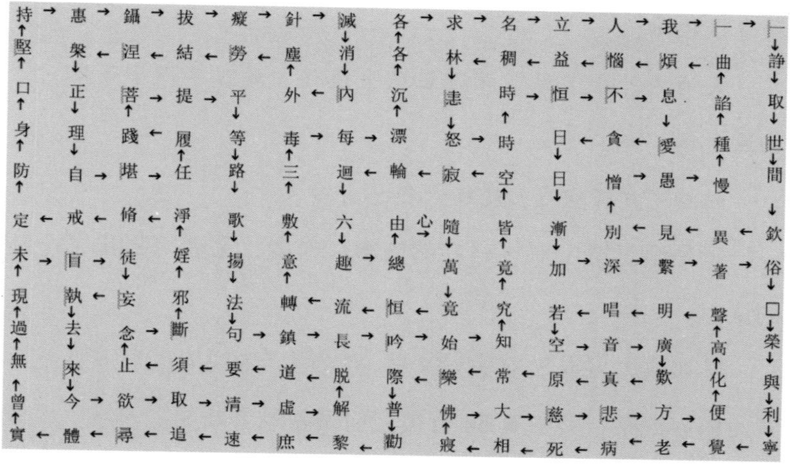

▲ 图 7-3

S.3046 回文诗（图中箭头为武氏标注文字释读顺序）

心随万竟（境）恒流转，意敷三毒每漂沉。各各求名立人我，一一诤取世间钦。

异见别憎愚慢种，谄曲烦恼益稠林。恚怒时时恒不息，爱贪日日渐加深。

系着俗□荣与利，宁觉老病死相寝（侵）？佛大慈悲方便化，高声明唱若空音。

广叹真原常乐际，普劝黎庶速追寻。体实曾无过现未，盲徒妄执去来今。

欲取清虚解脱道，要须止念断邪淫。净修戒定防身口，坚持惠摄拔痴针。

灭消内外尘劳结，涅槃正理自堪任。履践菩提平等路，歌扬法句镇长吟。

始知究竟皆空寂，轮回六趣总由心。

于是绍卫博士对该写卷的内容、作者、书者等提出了全新的认识。

又如敦煌写本 S.2078 号文书，正面为《佛说无量寿宗要经》，背面内容混杂，其中有 54 行被之前做叙录者断为"习字"，经首都师大历史学院游自勇教授重新释读，发现实为抄录的《史大奈碑》碑文，可与两《唐书》对勘补正，对研究隋唐之际历史人物、事件大有补益。该碑文经点校整理如下：

……攸赞，地宝咸格。祖莫贺可汗，钟纯粹之□□，莫（奠）崇高之统业，无竞惟烈，有道可宗，固已韶穆，□重徽猷，大继武威，畅卢山之泽，流昌海之城。父失咄弥设，忠能赞国，孝实安亲，任重栋梁，赖深舟楫。公凤彰奇表，幼有大志，深沈靡测，卓卓不群。勇过符□，剑动飞蝯；弓踰庆忌，射穿悬虿。有随之季，声驰中国，炀帝闻而嘉之，固就招聘，轺轩结彻，璧帛相仍。大业七年，奉珍入侍，禮（礼）同戚属，宠冠列蕃。丞会五月之期，时参八神之祀。仍属本邦危乱，归路莫从，留滞京华，常陪銮跸。辽东之役，固请先驱，陷阵功多，特超诸校，赏物千段，授金紫光〔禄〕大夫。既而漠北馀众，自西徂东，靡所底居，思我遗爱。十二年，诏率所部屯次晋阳，纠合旧□。旋以黄星耀采，徂运告终，青社发明，圣人有作，义旗建□，景业惟新，物色熊罴，□□秀逸。公献筹草，昧竭经纶，参同□德，克剪方命。北清徼塞，南扫城邑。〔□〕光禄大夫，仍锡器玩，凡所虏获，即以畀之。及夫元戎济河，拯溺纂旬，乘辕移指，克宁京室。常在颜行，每当驰道，畴庸有典，俾从大赉，策勋三最，赐帛万匹，又增杂彩，加以金钱。于时九服未清，四郊多垒，〔□〕戈日用，烽燧不息。公每簪神麾，骤参皇驾，东西尨定，匪遑晏处，故能转战㓉（岹）毅（谷），涉血寒旗，长驱汧陇，禽敌制胜。〔武〕德元年，拜上柱国，封康国公，食邑三千户，赐缯一千段、生口卅人、锦衣一袭，以示荣宠。三年，授右翊卫将军。六郡良家，九卿任子，统兹禁旅，朝寄尤隆。……得丧□□，无屑襟抱。始自遐方，早飞誉于麟角；晚逢嘉会，终勒美于珧戈。结媛通德之门，纳善幽闲之操。礼容外备，规范内凝，琴瑟克谐，松萝叶契。道长运短，一谢不追。人之云亡，朋僚珍悴。粤以其年岁次戊戌十一月乙巳朔四日戊申，葬于醴泉县神跡乡。爰发明诏，陪卫〔昭陵〕。

再次，即便是敦煌壁画里一些研究者多年经常经眼的图像，在经新科技手段获取高清图像后仔细辨认，也从这些"旧材料"

中发现了"新问题"。

如以前研究者认为，莫高窟西魏第 285 窟"得眼林"因缘故事画右上方的一身飞天是完全不着衣裙的"裸体飞天"（图 7-4、图 7-5）。2013 年，我在斯里兰卡狮子岩得以近距离观察其壁画并拍摄高清图像后发现：其中原先介绍为"上身赤裸"的女性形象，其实穿着了薄透的丝绸短衫。受此启发，于是，在 2010 年夏撰写《说"天衣"》一文的基础上（详见《庆贺饶宗颐先生 95 华诞敦煌学国际学术研讨会论文集》，中华书局，2012），经仔细观察 285 窟的高清图像，发现了即便是"天衣无缝"，在该飞天的颈部、胸前、腿部也有着衣的线条，遂确认该飞天并非"裸体"，正是佛典中描述的是穿了薄、透、轻丝绸"天衣"

▲ 图 7-4

莫高窟 285 窟"得眼林"壁画（局部）

▲ 图 7-5

285 窟飞天壁画

的"天女"。

又如艺术史、建筑史研究者熟知的莫高窟第 61 窟《五台山图》，其中"大法华之寺"榜题左下方有一塔亭小院图像，过去没有注意观察亭内摆放的物品，我们在某次参观敦煌壁画高清图的巡展时，首先是北京大学史睿教授经仔细辨认，发现原来塔亭中层层摆放着一摞摞的经卷，说明这应该是过去并没有识别的"藏经塔院"画面，院内两位信徒正在双手合十转经礼拜，这就增添了我们对唐宋时期寺院藏经场所及相关功能的新认识（图 7-6）。

我觉得，从文献与图像"旧材料"发现"新问题"，推进敦煌学研究，应该具有下列几个基本条件：

第一，需要在全面掌握前人有关研究成果的基础上，认真仔细地释读文本、观看图像。这方面特别要加强各种知识积累，提高自身文史、艺术修养。这里也有负面的例子，有的研究者因某些专业知识的缺失，再加之对前人研究成果的忽略，导致对敦煌"旧材料"的研读出现了"新错误"。如一位博士生在《敦煌学辑刊》上发表了一篇关于 P.3449/3864 敦煌刺史书仪写本中"俵钱去处"文范的研究文章，由于不识"钱"的俗写字（其实胡适先生早在 20 世纪 20 年代即已判定，后来几位专家对该文范的整理文章也已确认），将其误识为"分"字，遂产生了

◀ 图 7-6

藏经塔亭

不应有的错误。再举一个似与敦煌研究无关却可供借鉴的例子：有一天某博物馆工作人员拿来一幅该馆所藏《雪景寒林图》请我的导师启功先生鉴赏，说是宋代名家范宽所绘，因画中有"臣范宽制"四字名款，隐约书于前景树干之中。启功先生当即判断此画虽宋人所绘，但并非范宽真迹，因为范宽名中正，因性情宽厚，人称"范宽"，所以"宽"是他的绰号；而且他一生未做官，又岂可对帝王用绰号称臣？正如包公（包拯）不能说"包黑子见驾"一样。当然，也有学者据其他一些史料对此提出了不同的鉴定意见，而这些史料的可靠程度，也需要进行一番考辨。这就是文史修养在艺术品鉴定中的应用。

　　第二，需要注重运用电脑、网络及高清摄影等新的技术手段来查询资料、获取信息、释读文本、识别图像，尤其要关注容易忽略的一些细节，发现新线索、新问题。如前面所举"裸体飞天"的例子，如果忽略那几处细微的线条，也不免会产生困惑。又如在敦煌佛经写本残卷的缀合上，有几个要素是很关键的：一是经文内容出自哪本经、律、疏，佛典浩瀚，凭查阅纸本或个人脑子记忆，难度极大，现在有电子资料库查索就比较便捷，只是基本相同的几句或一段经文，也可能出现在不同的经籍之中，这就需要扩大检索面；二是抄写字体异同的辨认，用电脑识别也带来了很大方便，但同样需要识别抄写者的运笔习惯及字形的细部特征；三是纸张制作工艺与年代的判定，则更要借助于多种科技手段了。

　　第三，需要提高逻辑思辨能力，善于触类旁通，增强我们的"问题意识"。这一点对于发现新问题也至关重要。例如前述的回文禅诗的发现，也得益于武绍卫博士对敦煌文献中其他回文诗的了解与释读方式的借鉴。他通过认真思考，觉得这个"随手杂写"与敦煌写本中常见的学郎练字杂写在书写水平、内容上迥然不同，于逻辑不合，因此产生疑问，触回文类其他写本而旁通，反复琢磨，获得了正确释读该回文诗的正确方法。

　　第四，由于过去散藏于公私各家的敦煌写本的陆续刊布，使得研究者需要做化局部为整体的全面、系统研究，拓展研究视野，探究新的研究范式，从原有材料中发现"新问题"。在这方面，西华师范大学的伏俊琏教授及其团队对敦煌文学作品（特别是其中的"俗赋"）的全面整理，并开拓"写本学系统化研究"的新视野，均取得了可喜的成绩。

近些年来，研究者通过"旧材料"发现"新问题"的例子还可以举出很多，这都说明了敦煌文献、图像中许多原有、已研究过的材料，还能够开掘出新的论题，将敦煌学研究推向深入。2000年夏天，季羡林先生在莫高窟藏经洞被发现100周年之际，一再强调：进入新世纪之敦煌学研究是"行百里，半九十"，任重而道远，我国学人必须为推进学术继续努力。我想，这其中既有对发现"新材料"的期盼，也包含了对进一步开掘"旧材料"，提出和研究"新问题"的期许。

继续搜寻和整理敦煌学研究的各种新、旧资料，也仍然是学界同道尤其是年轻学人需要为此不懈努力的。前不久，我专就此问题向国家图书馆敦煌学资料中心提出了四点建议：

争取进一步彻底理清国家图书馆庋藏的敦煌文献藏品（目前编为16579号），包括后来发现的一些残碎零片，在国图原有几种编目的基础上，先组织人力编撰一部体例规范的"中国国家图书馆所藏敦煌文献分类简目"。其后，扩展资料来源途径，编撰国内其他公私机构和藏家（目前据国图敦煌资料中心统计为敦煌研究院等 54 家与 3 位个人）拥有的"中国国内散藏敦煌文献目录"。

继续完成对国图所藏全部敦煌文献进行高清数字化扫描复制工作；目前已完成的 5300 多号也需要根据高清标准做好核查、补正的工作。为全国编纂出版全彩色印制的"敦煌文献总集"的国图部分打好扎实基础。

经认真调研向敦煌学界提供国图和法国图书馆、俄罗斯圣彼得堡东方文献研究所所藏敦煌残卷碎片的待缀合的高清图版信息，为学界纠正原有的定名、年代误判，并进而为编著"敦煌残卷缀合集"提供必要支撑。

在原有资料基础上，进一步搜集和完善全世界敦煌学研究的档案资料（包括中外学者个人的生平简历与研究课题及相关手稿、信札和代表性成果，以及相关学术会议的文字与图像资料等），尤其是 19 世纪后半叶到 20 世纪中期各国考察队、探险家等在西域、中亚进行考古发掘的各类信息，特别是他们在敦煌地区掠取文物的真实情形（如斯坦因究竟如何进入藏经洞，俄藏、日藏敦煌写本的获取途径等实情）。至于已知中国以外英、法、俄、日、美、德、韩、印度、澳大利亚、瑞典、丹麦等国公私所藏敦煌文献的详细而准确的资料，亦需要通过进一步的国际交流合作来获取。

2020 年，中国社会科学出版社出版了郝春文、宋雪春、武绍卫的新著《当代中国敦煌学研究（1949—2019）》，对 70 年来中国敦煌学研究做了较为全面的梳理和精要总结，该著在"结语"中也明确提出：一、在资料的整理、刊布及目录编纂方面，仍有许多重要工作尚待完成。二、在对敦煌资料的研究方面，仍可以说是任重而道远。三、积极探索用新范式和新视角来开辟未来敦煌学的新领域。四、敦煌学研究中应该注意的问题。五、应该重视和加强利用新的科学技术手段。这些研究任务、问题和方法的提出，也正说明了材料无穷尽，研究有新题，需要我们共同努力推进新时期的敦煌学。

2016.12.5 初稿，2021.9 改定

浙江学人与敦煌学

浙江，我国"自古繁华"的"东南形胜"之地，名闻遐迩的中国丝绸故乡；敦煌，从汉武帝时张骞"凿空"西域之后，便成为丝绸之路的咽喉之地、世界四大文明交融的著名都会。自唐代始，浙江又因丝绸经海上运输日本，成为海上丝路的起点之一。浙江与敦煌、浙江与丝绸之路因丝绸结缘，更由于近代一大批浙江学人对敦煌文化与丝绸之路的研究、传播、弘扬而令敦煌学界瞩目。

20 世纪 30 年代，学术大师陈寅恪在为陈垣先生的《敦煌劫余录》所作序中指出：

一时代之学术，必有其新材料与新问题。取用此材料以研求问题，则为此时代学术之新潮流。治学之士，得预于此潮流者，谓之"预流"；其未得预者，谓之未入流。此古今学术史之通义，非彼闭门造车之徒所能同喻者也。敦煌学者，今日世界学术之新潮流也。自发见以来二十余年间，东起日本，西迄法英诸国学人，各就其治学范围先后咸有所贡献。吾国学者，其撰述得列于世界敦煌学著作之林者，仅三数人而已。……或曰，敦煌者，吾国学术之伤心史也。其发见之佳品，不流入于异国，即秘藏于私家。

近代浙江，文化繁荣昌盛，学术底蕴深厚，在时代进步的大潮流中，涌现出众多追求旧学新知、西学中用的"弄潮儿"。20 世纪初因敦煌莫高窟藏经洞文献流散而兴起的"敦煌学"，成为"世界学术之新潮流"，中国学者首先"预流"者，即是浙江的罗振玉与王国维（图 8-1）。两位国学大师"导夫先路"，几代浙江学人奋随其后，薪火相传，常书鸿、姜亮夫、赵万里、王仲荦、蒋礼鸿、史岩、夏鼐、潘絜兹、郭在贻、樊锦诗、项楚、张涌泉等著名专家，在各自的研究领域做出了杰出的贡献。正是由于他们坚持不懈的努力，使得浙江至今仍是我国敦煌学研究的重要基地之一。

罗振玉（1866—1940），字叔言，号雪堂，浙江上虞人。他自 1909 年起目验了斯坦因、伯希和从莫高窟藏经洞劫取的部分写卷后，陆续出版了《敦煌石室遗书》《鸣沙石室佚书》《敦

▲ 图 8-1　　　　　　　　　▲ 图 8-2
罗振玉　　　　　　　　　　王国维

煌古写本周易王注校勘记》《鸣沙石室古籍丛残》等著作，成为中国敦煌学研究的先行者。

王国维（1877—1927），字静安，号观堂，浙江海宁人。王国维是中国近、现代相交时期一位享有国际声誉的学术大师。王国维对敦煌文献的整理研究，始于1909年协助罗振玉校理刊印《敦煌石室遗书》及翻译斯坦因的《中亚细亚探险记》。自1911年罗、王二人赴日寓居后，敦煌文献逐渐成为王氏治学的重要对象。到1920年为止，王国维发表的敦煌写卷专论文章有30余篇。

在老一辈浙江学者中，还有出生于浙江海宁，曾任教浙江两级师范学堂、参与筹建浙江大学、担任浙江图书馆馆长的张宗祥（1882—1965）；出生于海宁，曾任教清华国学院、担任北平图书馆善本部主任的赵万里（1905—1980）；出生于浙江永嘉，曾任教燕京、北大，1949年后任社科院文学研究所所长、文化部副部长的郑振铎（1898—1958）；敦煌艺术研究所早期研究员、担任浙江美术学院教授及图书馆馆长的史岩（1904—1994）……他们也都为敦煌文献的搜集、整理、研究和敦煌艺术品的保护与研究做出了杰出的贡献。

创办于1897年的浙江大学，不仅是浙江百年人文之渊薮，还是近代中国社会科学与自然科学英才辈出的名校。其百年一贯的求是精神，培育了一代又一代脚踏实地而又敢于创新的学者专家。即以上述研治敦煌学与丝路文化的浙江学人而言，不仅相当一部分人的学习、工作与浙江大学关系紧密，而且每每成为浙大和全国乃至国外其他高校、研究机构连结之纽带与桥梁。

在敦煌文献与石窟艺术研究史中，浙江学者以研究时间早、研究范围广、研究程度深，研究群体庞大而著称。自 2015 年始，由浙江敦煌学者发起、与浙江大学出版社共同策划编辑陆续出版的"浙江学者丝路敦煌学术书系"，即以在浙或浙籍重要"一

▲ 图 8-3

浙江学者丝路敦煌学术书系

带一路"和敦煌学研究专家为主要作者，选编出版他们的重要研究成果（图 8-3）。目前已出版一、二两辑 19 种，第三辑 4 种。下面即简要介绍已经列入书系，已出版或拟出版著作的一些作者。

常书鸿（1904—1994），满族，浙江杭州人。中国学者、画家、敦煌艺术研究专家。1923 年毕业于浙大高工前身省立甲种工业学校染织科，1932 年毕业于法国里昂国立美术学校，1936 年毕业于法国巴黎美术学院。历任北平艺专教授，国立艺专校务委员、造型部主任、教授，教育部美术教育委员会委员。1943 年任国立敦煌艺术研究所所长。1949 年后历任敦煌文物研究所所长、名誉所长，敦煌研究院名誉院长、研究员，国家文物局顾问。保护莫高窟、研究敦煌艺术 50 年，被誉为"敦煌守护神"（图 8-4）。

姜亮夫（1902—1995），原名寅清，以字行，云南昭通人（图 8-5）。中国古典文学研究家、语言学家。1934 年，他到法国潜心研究中国流失到法国的敦煌文书，进行拍片、拓摹、抄录共 3000 多张，1937 年带回祖国。曾在浙江师范学院、杭州大学任教，先后任中文系主任、古籍研究所所长，博士研究生导师。曾担任中国敦煌吐鲁番学会常务理事、语言文学分会会长，先后著有《瀛涯敦煌韵辑》《敦煌——伟大的文化宝藏》《屈原赋校注》《楚辞通故》《莫高窟年表》《敦煌学概论》《屈原

▲ 图 8-4

《浙江与敦煌学》书影

▲ 图 8-5

姜亮夫

赋今绎》《敦煌学论文集》等 1000 多万字的研究著作。

　　贺昌群（1903—1973），四川马边彝族自治县人，著名历史学家、教育家。曾任职商务印书馆、北平图书馆，抗日战争爆发后任浙江大学史地系教职。1950 年后任南京图书馆馆长、中国科学院图书馆副馆长、中国科学院历史研究所研究员。1964 年当选为第三届全国人大代表。出版有《古代西域交通与法显印度巡礼》等多种研究敦煌及西域文化艺术的著作，相关文章的结集《丝绸之路历史文化论稿》收入“浙江学者丝路敦煌学术书系”。

▲ 图 8-6
夏鼐

夏鼐（1910—1985），字作铭，浙江温州人，考古学家（图 8-6）。中国考古工作的主要指导者和组织者，中国现代考古学的奠基人之一，中国科学院院士、哲学社会科学部委员。1941 年后曾先后任职于中央博物院筹备处、中央研究院历史语言研究所。1950—1982 年任中国科学院考古研究所（1977 年改属中国社会科学院）副所长、所长。1982 年任中国社会科学院副院长兼考古研究所名誉所长，次年兼任国家文物委员会主任委员。著有《敦煌考古漫记》，所撰相关论文结集为《丝绸之路考古学研究》收入"浙江学者丝路敦煌学术书系"。

方豪（1910—1980），字杰人，浙江杭州人，历史学家。曾任浙江大学史地系教授，讲授中西交通史课程，后任教于台湾大学、政治大学，致力于中西交通史、宗教史研究。1953 年，出版《中西交通史》，详尽论述了史前至近代包括南洋在内的中西交往史迹，阐明了民族、宗教、交通、政治等诸般关系，其中尤以明清之际中西交流为主，是较早全面论述中外文化交流的重要著作。该著作新版亦收入"浙江学者丝路敦煌学术书系"。

潘絜兹（1915—2002），当代著名工笔人物画家，浙江宣平人。1932年考入北京京华美术学院，师事吴光宇、徐燕孙，专攻工笔重彩人物画（图8-7）。1945年到敦煌艺术研究所从事古代壁画的临摹研究工作。曾任台湾台北民众教育馆艺术部主任，后得于右任先生资助，从事敦煌艺术研究。历任中国历史博物馆美术组组长，《美术》月刊编辑，《中国画》主编，北京画院专业画师及艺术委员会副主任，北京工笔画会会长，中国美术家协会北京分会副主席。代表作品有《敦煌石窟艺术》等。

▲ 图 8-7
潘絜兹画

蒋礼鸿（1916—1995），字云从，浙江嘉兴人，著名语言学家、敦煌学家、辞书学家。曾任杭州大学中文系教授、杭州大学古籍研究所兼职教授、杭州大学汉语史专业博士生导师、中国敦煌吐鲁番学会语文学会副会长、浙江省敦煌学会副会长、《汉语大词典》副主编。他的《敦煌变文字义通释》是一部考释敦煌变文中词语的专著，成为每个敦煌学研究学者的案头必备之

▲ 图 8-8
蒋礼鸿著作书影

书，荣获吴玉章学术一等奖、首届全国古籍整理优秀图书奖等多个奖项（图8-8）。

樊锦诗（1938—），浙江杭州人（图8-9）。曾任敦煌文物研究所副所长、敦煌研究院第二任院长，现任敦煌研究院名誉院长、中央文史研究馆馆员。她 1963 年从北京大学毕业后在敦煌研究院工作了近 60 年，被誉为"敦煌女儿"。她根据多年致力于石窟考古、石窟科学保护、研究和管理工作的实践，特别指出："我认为敦煌文化本身是丰富的、多元的、世界的。之所以这样说，是因为它是敞开胸怀吸纳的。"

"敦煌艺术代表了中国历史上的盛世文化艺术，也表现了中国历史上的盛世景象，对我们现在很有启发。……任何国家民族创造新文化，都不能离开本民族的基因、根基，它一定是在本国本民

▲ 图 8-9
樊锦诗

图 8-10 ▶
贺世哲、施萍婷

族以前文化基础上创造新文化。" 2019 年被授予"文物保护杰出贡献者"国家荣誉称号，被评为"感动中国 2019 年度人物"。她的自传体著作《我心归处是敦煌》被评为 2019 年度"中国好书"，印行数十万册。

施萍婷（1932— ），浙江永康人。1949 年 5 月参加解放军。1951 年春赴朝参战，1954 年 5 月回国。1961 年毕业于甘肃师范大学（今西北师范大学）历史系，同年到敦煌文物研究所工作，1988 年任副研究员，1993 年任研究员，曾担任敦煌研究院文献研究所所长。她主要从事敦煌文献与敦煌石窟研究，主编的《敦煌遗书总目索引新编》是敦煌学研究的重要工具书，相关学术论文结集为《敦煌习学集》（上、下）。她的文章《打不走的莫高窟人》受到学术界普遍赞誉。

　　黄永武（1936—），浙江嘉善人。1970年获台湾师范大学"国文研究所"博士。曾任中兴大学、成功大学文学院院长，古典文学研究会创会会长。他在敦煌学方面，专擅敦煌唐诗研究，著有《敦煌的唐诗》《敦煌的唐诗续编》等专著，他主持编纂影印的《敦煌宝藏》（140册）及《敦煌丛刊初集》《敦煌古籍叙录新编》等敦煌文献，为20世纪末的敦煌学界提供了极大的便利。

　　郭在贻（1939—1989），山东邹平人，中国语言学家（图8-11）。1961年毕业于杭州大学中文系，师从姜亮夫、蒋礼鸿

▲ 图8-11

郭在贻

▲ 图8-12

项楚

等先生。历任助教、讲师、副教授、教授、博士生导师。为中国语言学会理事、中国敦煌吐鲁番学会理事、中国训诂学会副会长。著有《训诂丛稿》《郭在贻敦煌学论稿》《敦煌变文集校议》（与张涌泉、黄征合著）等。其中《敦煌变文集校议》获王力语言学奖三等奖。1988 年被评为国家有突出贡献的中青年专家。

项楚（1940—），浙江永嘉县人（图 8-12）。1962 年于南开大学中文系毕业后考取四川大学中国文学史专业研究生，四川大学教授。我国著名的敦煌学家、文献学家、语言学家、佛教学家和文学史家。师从庞石帚教授攻治六朝唐宋文学。1980 年起调入四川大学任教。现为教育部社会科学委员会委员，国家古籍整理出版规划领导小组成员；教育部人文社科重点研究基地四川大学中国俗文化研究所名誉所长，四川大学中国文化研究院院长，中国古典文献学（国家重点学科）、中国古代文学、汉语言文字学三个学科的学术带头人和博士生导师。著有《敦煌文学丛考》《王梵志诗校注》《寒山诗注》《敦煌变文选注》《柱马屋存稿》等多部专著，发表学术论文百余篇。

张涌泉（1956—），浙江义乌人，四川大学文学博士，北京大学博士后（图 8-13）。教育部长江学者特聘教授。现为浙江大学文科资深教授、浙江省特级专家，兼任中国文字学会副会长，

◀ 图 8-13
项楚、张涌泉

中国敦煌吐鲁番学会副会长，浙江省语言学会会长。获国家"百千万人才工程"一、二层次培养人选，国家有突出贡献的中青年专家等荣誉；获教育部高校人文社科成果一等奖、二等奖（两次），中国社科院青年语言学家奖一等奖，胡绳青年学术奖等奖励。其代表作之一《敦煌俗字研究》70万字的专著出版后，《中国社会科学》1998年第2期载文称该书"是一部规模宏大、新意迭出的学术专著"，荣获教育部普通高等学校人文社会科学研究成果一等奖；他和浙大古籍所同事黄征教授合著的约170万字的《敦煌变文校注》被学术界公认为敦煌变文研究的集大成之作。他主编的《敦煌经部文献合集》在中华书局出版后，获2010年中国政府出版奖图书奖。他是"浙江学者丝路敦煌学术书系"的三位主编之一。

　　需要特别提及，多年来张涌泉及黄征、许建平教授带领的浙大、浙师大、南京师大敦煌学研究团队，为敦煌学界培养了一批年轻的敦煌学研究人才，推进了浙江和国内其他地区的敦煌学研究，尤其是近十年来他们在敦煌残卷缀合的研究中取得了引学界瞩目的进展。他们的研究显示，超过 25% 的敦煌卷子可以缀合，这就为散藏在世界各地的敦煌藏卷、碎片的归宗提供了扎实的基础，拓展出敦煌学研究的新天地。

浙江是华夏丝绸的起源地。丝绸及其制造技艺，是举世公认的重要的物质与非物质文化遗产。中国丝绸博物馆位于西子湖畔，赵丰馆长作为国内外著名的丝绸科技史、丝路艺术考古专家，是"国际丝绸之路研究联盟"主席，也是中国敦煌吐鲁番学会的常务理事。他花费了多年心血寻访、搜集、整理、主编的《敦煌丝绸艺术全集》（中、英文版）近期可以全部问世。他的著作《锦程：中国丝绸与丝绸之路》入选 2016 年度"中国好书"，另一本著作《丝路之绸》则是我国学术著作外译的重要项目。多年来，在他的带领和推动下，我国丝绸艺术的传承、弘扬和创新取得了举世瞩目的成绩，而且培养出了不少从事丝绸文物保护、研究的年轻人才。

还有"西北凤凰东南飞"的刘进宝教授，作为西北地区土生土长的历史学博士，从西北师大到南京师大落脚，又被浙江大学引进为文科领军人才，担任浙大历史学系主任。他长期从事敦煌学术史、丝绸之路研究，个人学术论著有《敦煌文书与唐史研究》《敦煌学通论》《丝绸之路敦煌研究》《敦煌学术史：事件、人物与著述》等。主编《丝路文明》学术专刊。现任中国敦煌石窟保护研究基金会理事、中国敦煌吐鲁番学会副会长、中国唐史学会副会长。他是"浙江学者丝路敦煌学术书系"的执行主编。

现在，我国正处于实施"一带一路"倡议的起始阶段，加大研究、传播丝绸之路、敦煌文化的力度是其中的应有之义。这对于今天的浙江学人而言，是在原有深厚的学术积累基础上如何进一步传承、发扬学术优势的问题，也是以更开阔的胸怀与长远的眼光承担的系统工程，而绝非"应景""赶时髦"之举。浙江大学组织出版这一套学术书系以及其他各种形式的丝路敦煌图书，正是为了珍惜与把握历史机遇，更好地回顾浙江学人的丝绸之路、敦煌学研究历程，奉献资料，追本溯源，检阅成果，总结经验，推进交流，加强互鉴，认清历史使命，抓紧人才培养，传递学术接力棒，展现灿烂前景。

2021 年 9 月改定

睹物思人

——简论丝路人物

　　文物作为历史文化的物质遗存，是重要的文化载体。人是文化的创造者，也是文化传播、传承、发展的本体与核心。我们通过丝路文物对丝路文化的探索，自然离不开对相关人物的研究。这里我们以浙江学人为中心谈谈丝路人物。

　　"睹物思人"是中国汉语里的一个成语，源自唐代裴铏所著传奇《颜濬》篇："贵妃赠辟尘犀簪一枚，曰：'异日睹物思人。'"①尽管其重点是强调在物是人非之时"物"的精神感念作用，实际上涉及"物"与"人"的内在关系。本文试借以说明丝绸之路文化研究中一个不可或缺的课题——"丝路人物"与"丝路文物"（包括以石窟艺术和文献遗存为主的敦煌文物）的血肉关联。

　　笔者将"丝路人物"分为丝路文物的创造者、发现者、传播（包括劫掠）者、研究者四类。而本文的叙述中心则是研究者之中的浙江学人。

　　丝路文物的"创造者"中，我们过去直接关注的最少，这是因为其中大多数人并未留下姓名（例如丝路上所发现的丝织品设计者、制作者，各种古城与窟寺遗迹、器物、塑像、壁画、

---

① 见宋代李昉等编、汪绍楹点校本《太平广记》卷三五〇，中华书局，1961 年，第 2772 页。

简牍等等的"主人们"：建筑者、制造者、创作者等），少数有名有姓的，也往往因相关资料的缺失增加了考究的难度。我这里要特别提出的是：这些人物的人文背景，他们本身的文化涵养，他们和整个古老文明的关联，应该是我们研究丝路文物时不应忽视的重要内容。例如我们所知曾经活跃在丝路上的各族高僧，他们各自的文化背景，他们所翻译的佛经，所开展的讲经说法及文化教育活动，究竟对丝路文化的交流起了哪些重要作用，至今论述还相当薄弱。即便是闻名遐迩的法显、鸠摩罗什、玄奘、慧超等，在对他们与丝路文物关系的研究上也并不充分，更不消说数以百千计有名无名、西去东来的一般僧人了。方广锠曾在《敦煌遗书与佛教研究》一文中提及公元8世纪初任北庭龙兴寺都维那的汉僧法海，敦煌本 P.3532 号《慧超往五天竺国传》中说他"虽是汉儿，生安西，学识人风，不殊华夏"，而国图藏 BD3339 号《金光明最胜王经》卷五末尾题署又标明他在义净译本里担任"转经"角色[1]。诸如法海这样在西域生活的汉人高僧，学界的研究确实不足。又如对我国西北地区丝路沿线所出纺织品的研究，近些年来我国学者（特别是江浙两地与新疆的学者）有很丰硕的成果，包括对其中丝绸织品

---

① 参见《方广锠敦煌遗书散论》，上海古籍出版社，2010年，第213—214页。

产地及技艺特点的研究有了长足的进展^①，但是遗憾的是如何通过深入挖掘它们蕴含的人文内涵来研究他们的制造者与使用者，则还明显欠缺。诚然，认定缺乏明确标识的丝织遗物的产地是相对困难之事，而如何判断制造者与使用者的身份，更非易事。另如举世瞩目的敦煌彩塑、壁画的绘制者，基本上没有留下姓名，也难以知晓他们的籍贯、族别、国别，研究者只能从这些作品的技法、风格来做推测、判断和分析。曾经轰动国内外舞台的现代舞剧《丝路花雨》中塑造了一位画师"神笔张"的形象，其之所以感动观众，就在于这个艺术形象具有一定的典型性。但是，如果我们今后能够将这些丝路瑰宝的创造者与文化交流的大背景更紧密地联系起来，与传世艺术史文献资料更充分地结合起来，进行更全面、深入的探究，应该会有更多更好的收获。

丝路文物的"发现者"，则是一个比较复杂、模糊的个体与群体的概念。既有主观因素，也不乏客观原因，且有相当大的偶然性。因这些人往往与文物的流散关联密切，其中也不乏杰出的专家学者，故这里将他们与"传播者""研究者"放在一起叙述。对这三类人，现在人们主要将眼光集中在 19 世纪 60 年代以后活跃在我国新疆和甘肃河西地区的外国考察队、探险

---

① 参见赵丰《丝绸之路上的纺织品》一文，赵丰主编《丝绸之路美术考古概论》，文物出版社，2007 年，第 122—160 页。

家身上。对他们毁誉参半的评价已经持续了一个世纪，此类评述恐怕还会继续下去，还有可能依旧莫衷一是。例如对国外的斯文赫定、克莱门兹、格伦威德尔、勒柯克、斯坦因、伯希和、科兹洛夫、奥登堡、橘瑞超等人的"发掘"，对他们的劫掠（或曰"盗运""获取""买走"等），如何将动机、目的、行为、效果、影响结合起来，对他们做社会学、文化学、考古学意义上的综合性评价，目前还是比较欠缺的。又如莫高窟藏经洞的"发现者"王道士王元箓（或曰发现者另有其人），确实是敦煌写卷外流的一个关键人物，讲敦煌文物的书几乎都会谈及他。但是对他究竟如何呈献、搬移、翻动、"出卖"、藏匿藏经洞文献的许多细节其实并无深入探究，而这对真切地还原事实是不可或缺的。金荣华教授曾经出版过《敦煌文物外流关键人物探微》一书①，将王道士与斯坦因、蒋孝琬、潘震、汪宗翰等人联系起来，以冀探寻其中的细枝末节，虽然还只是初步的尝试，却提供了可供借鉴的思路与不少线索。近些年来荣新江、王冀青等教授也进而从查阅国内外的原始档案入手去深入探究②，将相关研究推进了一大步。但是，如何将王道士、蒋孝琬等人的行为

①　见"敦煌学导论丛刊"，台北新文丰出版公司，1993年。
②　参见荣新江《敦煌学十八讲》（北京大学出版社，2001年）、王冀青《国宝流散：藏经洞纪事》（甘肃教育出版社，2007年）等书。王冀青在"2015敦煌论坛：敦煌与中外关系国际学术研讨会"上发表的论文则首次述及蒋孝琬于1908年6月至7月所编的英藏敦煌汉文文献目录（计1318号）。

置于晚清河西地区社会政治、文化学术的大背景下，做社会心理学的分析，又怎样从探寻藏经洞发现、原貌、变动的若干细节入手①，去还原莫高窟文物流散的真实情况，还是有很大的研究空间的。这里还要特别提及 1927—1932 年间中瑞联合西北科学考察团成员的研究问题。众所周知，这次与丝路文化密切相关的科学考察称得上是 20 世纪中外合作科考的典范，成果丰硕，所获文物甚夥，也很珍贵。其后，以黄文弼先生为代表的中国考古工作者又多次到新疆地区进行考察，有很多收获。但是，大半个世纪以来，不仅对考察所获文物做全面、系统、深入的研究还多所欠缺，而且对这些在新疆地区进行考古发掘的中国学者的研究，相比对前述那些外国探险家的评述而言，可以说更为薄弱②。2013 年 10 月，新疆师范大学与北京大学中古史研究中心联合举办"黄文弼与中瑞西北科学考察团国际学术研讨会"，发表了 59 篇论文③，创建了"黄文弼特藏馆"，可以说开了一个很好的头。我认为，与西北科考所获文物的收藏、整

---

① 例如敦煌藏经洞地面结构，张宗祥撰于 20 世纪 20 年代之《铁如意馆随笔》记曰："敦煌石室，在甘肃敦煌县。室甚穹，地下铺鹅卵石子，厚一二尺。有友人知县事者游之，为道如此。归装载石子甚富，盖亦好事者。予丐其一，归予敦煌片羽之匣。"如果真如此，则发现者或盗宝者曾掘地寻宝的可能性即不能排除。或曰藏经洞地面铺设的系西夏时期的小莲花纹样砖，则又关联该洞窟的营建及封闭时间。
② 2005 年，当年西北科学考察队成员陈宗器（1898—1960，浙江新昌人）之女陈雅丹在昆仑出版社出版了《走向有水的罗布泊》，引起笔者关注，曾撰写书评。请参见拙著《品书录》（增订本），甘肃教育出版社，2011 年，第 244—248 页。
③ 参见荣新江、朱玉麒主编《西域考古·史地·语言研究新视野》，科学出版社，2014 年。

理密切相关的中国国家博物馆、北京大学、新疆博物馆、中国地质图书馆等单位，亦应以此为契机携手合作，加强相关文物与文献资料的研究。我20世纪六七十年代在新疆工作期间，结识了一批优秀的考古工作者。他们为丝绸之路遗址及文物发掘贡献了智慧与精力，对所发掘遗址、文物的研究也有不少论著问世。但如果加强对他们本人考古经历、学术思想、学术成果的研究，那些遗址、文物就会注入新的生命，栩栩如生，更加灵动。他们既是发现者，又是传播者、研究者，而许多遵循科学手段进行发掘（包括进行抢救性发掘）、保护的人，也是维护文物、传承文化的有功之臣，理所当然都应该列入"丝路人物"名录而加以研究。

近百年来，在人数众多的丝路文物研究者中，浙江籍及长期在浙江工作的非浙籍学者可以说是一个特别值得关注与探究的学术群体。这里暂且冠以"浙江丝路学人"之名。

自20世纪初至今，活跃在中国与世界学术文化舞台上的"浙江丝路学人"似应以罗振玉（1866—1940）、王国维（1877—1927）为丝路文化研究的开创者；后继者则大致按年龄及研究年代、领域划分，至今已经历了三代人。如：

第一代：向达（1900—1966）、姜亮夫（1902—1995）、贺昌群（1903—1973）、常书鸿（1904—1994）、赵万里（1905—

1980）、方豪（1910—1980）、夏鼐（1910—1985）、王仲荦（1913—1986）等。他们的研究主要起始于20世纪30年代，大多完成于80年代，有的则一直延续到21世纪初，如潘絜兹（1915—2002）、蒋礼鸿（1916—1995）、王伯敏（1924—2013）。

第二代人数较多，年龄差距也较大，出生于20世纪30年代的，基本上是从五六十年代开始从事这方面的研究工作，如：常沙娜（1931—）、施萍婷（1932—）、陈践（1933—）、黄时鉴（1935—2013）、樊锦诗（1938—）、齐陈骏（1936—）、黄永武（1936—）、朱雷（1937—2021）、郭在贻（1939—1989）等。出生于40年代的，如张金泉、项楚、徐文堪、卢向前、吴丽娱等（包括笔者），以及五六十年代出生，70年代末、80年代初进入高校学习的，如董志翘、张涌泉、黄征、刘进宝、赵丰、王惠民、许建平、施新荣等，则基本上都是在"文化大革命"期间或之后才起步的。恐怕也有人会将后者另列一辈，似不无道理；但考虑到我国学术界50年代后期到"文化大革命"期间的停滞状态，将他们列入第二代似更为合适。

新一代的研究者主要是我们习惯所称的70后、80后乃至90后，大多是近十几年高校培养的浙江籍的硕士、博士，或浙江大学培养的非浙籍学人。这些人已经有不少学术成果问世，也是丝绸之路与敦煌文化研究大有希望的后起之秀，有的已经成为学术带头人，分布在全国多所高校或研究机构，如曾良、冯培红、余欣、张小艳、窦怀永等。

近百年来，中外学术界对罗振玉、王国维的研究成果，可谓积案盈箱，其中虽不乏对他们在丝路敦煌文物研究上所做贡献的评析，但若将其置于晚清民初浙江学者的政治与学术背景下细究，恐怕还有不少工作可做（图 9–1）。例如不可避免地涉及罗、王的政治态度，恐怕不能简单地以“保守”乃至“反动”去论定，也不能轻易地用“民族气节”去度量。众所周知，两人的家庭背景、经济境况有相当大的差异。王出身书香门第的“中

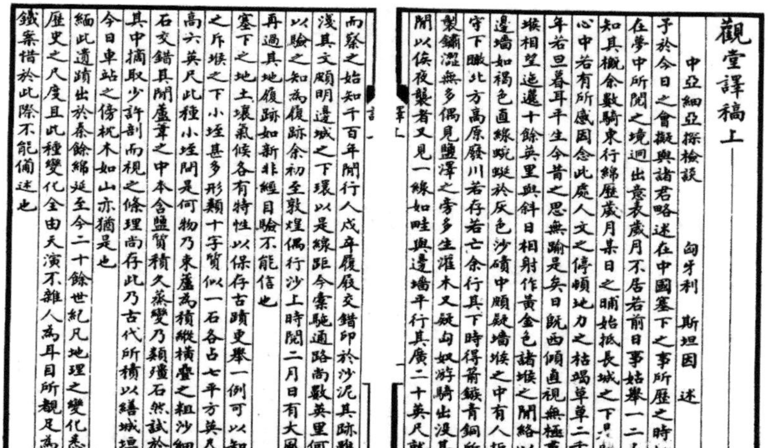
觀堂譯稿上

中亞細亞探檢談　匈牙利　斯坦因　述

予於今日之會擬與諸君略述在中國塞下之事所歷之時如在夢中所閱之境迥出意表歲月不居若前日事姑舉一二足知其概余數騎東行綿歷歲月某日之晡始抵長城之下是時心中若有所感因念此處人文之傳頗地力之枯竭草草二千年若旦暮耳平生今昔之思無踰是矣日既西傾直視無極塞堠相望迤邐十餘英里與斜日相射作黃金色諸堠之間絡以邊墻如褐色直線蜿蜒於灰色沙磧中頗疑墻堠之中有人拒守下瞰北方高原廢川若存若亡余行其下時得箭鏃青銅所製鏽澀無多偶見鹽澤之旁多生灌木又疑匈奴游騎出沒其間以候夜襲者又見一線如畦與邊墻平行其廣二十英尺就而築之始知千百年間行人戍卒屐屐交錯印於沙泥其跡雖淺其文頗明邊城之下環以是線距今橐駝通路尚數英里何以驗之知為屐跡余初至敦煌偶行沙上時閱二月日有大風再過其地屐跡如新非經目驗不能信也

塞下之地土壤氣候各有特性以保存古蹟更舉一例可以知之斥堠之下小堆甚多形類十字質似一石各占七平方英尺高六英尺此種小堆間是何物乃束蘆為積縱橫疊之粗沙細石交錯其間蘆葦之中本含鹽質積久蒸變乃類殭石然試於其中摘取少許剖而視之條理尚存此乃古代所積以繕城垣今日車站之傍枕木如山亦猶是也

緬此遺蹟出於秦餘綿延至今二十餘世紀凡地理之變化悉歷史之尺度且此種變化全由天演不雜人為耳目所覩足為鐵案惜於此際不能備述也

▲ 图 9-1

王国维译稿书影

人"之家，从来都是"读书人"，清朝覆灭 12 年后方充任溥仪的"南书房行走"，得以检阅"大内"藏书，说其殉清并无充足理由；罗一生充满官宦气息，效忠清廷、以"遗老"身份流亡日本、醉心伪满，是其政治品质的真实反映。二人的政治态度，王氏模糊，罗氏清晰，这与他们的治学似乎并无多大关联。但是如果细究起他们的治学视野，尽管都具备深厚的"国学"基础，都擅长传统的古文字与名物研究，都对 19 世纪末、20 世纪初的"四大发现"（殷墟甲骨、流沙简牍、内阁档案、敦煌遗书）有很大的研究志趣，而在借鉴东西方"新学"方面，恐怕有相当大的差异：罗氏早先致力于引进日本的农学与教育改革理念，而后作为一名文物收藏家，通过对大量出土文物的鉴赏、考究、交易，促进了近代日本东洋学、中国学的兴起，看不到有多少"西学"对他的影响。王氏则是最早受到资产阶级改良主义影响，自觉将眼光投向西方学术的中国近代学者之一，他以康德、叔本华、尼采哲学为切入点，兼及西方伦理学、心理学、美学、逻辑学、教育学等，又涉猎俄罗斯文豪托尔斯泰《战争与和平》等代表作，并对欧洲莎士比亚、但丁、歌德、拜伦等人的文学名著进行介绍和比较研究，自称"三十而立"之前为其"独学"时期，且明确提出"异日发明光大我国之学术者，必在兼通世界学术之人，而不在一孔之陋儒"①。据统计，罗氏自 1909 年发表《敦煌石室书目及发见之原始》并刊行《敦煌石室遗书》起，至 1938 年撰写《晋天福十一年残历跋》并于次年影印《贞松堂藏西陲秘籍丛残三集》止，共刊布敦煌写本 167 种，撰写跋识、校勘文章近百篇②，其主要贡献在于最早为中国的敦煌学研究提供了经过其审订校勘的新材料。因此，如果说罗振玉对流沙简牍与敦煌遗书的释读、整理、研究，还基本上局束于乾嘉朴学的范畴，那么王国维则已经明显地呈现出新史学与现代考古学的特点，散发出"世界学术新潮流"的耀眼浪花。2001 年，我曾在《王国维对敦煌写本的早期研究》一文中提出：王氏的敦煌学研究"树立了正确处理新材料、新方法、新问题三者关系及中、西学关系的楷模"，"王国维对中、西学关系的认识，更体现了他在学术观点上的开放性、兼容性与辩证性"③。王氏的治学方法，正如陈寅恪先生 1934 年在《王静安先生遗书序》中所归纳的："一曰取地下之实物与纸上之遗文互相释证"，"二曰取异族之故书与吾国之旧籍互相补正"，"三曰取外来之观念与固有之材料互相参证"④。后面两点，正是罗振玉所不

① 参见王国维《静安文集·三十自序》，《王国维全集》第一卷；《奏定经学科大学文学科大学章程书后》，《王国维全集》第十四卷。浙江教育出版社，2009 年。
② 参见林平和《罗振玉敦煌学析论》，台北文史哲出版社，1988 年。
③ 请参见拙著《敦煌学与敦煌文化》，上海古籍出版社，2007 年，第 53—65 页。
④ 见陈寅恪《金明馆丛稿二编》，上海古籍出版社，1980 年，第 219 页。

◀ 图 9-2
蔡元培

具备的。另外，我以为罗、王二人成为中国丝路文物与敦煌遗书研究的开创者，之后浙江又涌现一批"世界学术新潮流"的"预流者"，与浙江新思想、新文化运动的领军人物蔡元培（1868—1940）不无关系（图 9-2）。蔡早年曾任绍兴中西学堂监督，在学堂增设日语教学并学习日文、英语，也曾去日本游历，接触日本文化教育的时间几与罗、王相近。1909—1911 年间，罗氏开始关注敦煌遗书时，蔡正在德国莱比锡大学研修哲学、美学、伦理学及思想史、文明史，故恐无法得知或无暇顾及敦煌遗书的相关情况。1907 年冬，王国维翻译斯坦因的《中亚西亚探险谈》，其时也正热衷于德国的哲学、美学及西方伦理学等，而 1921 年、1922 年北京大学两次聘王国维任教，以及胡适与王的交往，也应该与时任北大校长的蔡元培有关。还有一件事情颇可注意，即1931年3月27日，蔡被推举为"西陲学术考察团理事会理事长"后，在南京主持了第一次会议，并通过了考察团章程①。此事当可说明蔡对西北科考及丝绸之路文物考古工作的关注。探究浙江学人与敦煌学、丝路文化的关系，蔡元培是一位值得关注的人物。总之，笔者本文无意亦无能力对罗、王二人的敦煌学、丝绸之路文物研究做全面的评析，只是希望学界能对他们开创这门"显学"的时代背景、社会环境、思想基础、治学方法等做进一步深入的探讨。

关涉罗、王之后第一代研究敦煌学、丝路文化的浙江学人，我仅写过评述姜亮夫、常书鸿、蒋礼鸿三位的几篇文章，只是简述了自己学习他们道德文章的一些感受，自觉尚很粗浅。这一代前辈在丝路文物与中西交通、敦煌语言文字、敦煌艺术、考古与西北地理文献等方面各自都有很大贡献，他们不凡的学术成就举世公认，但是对他们作为同一时代群体的共性与个性差异的探究还比较欠缺，这里包括对他们的治学背景（包括家学渊源、师承关系）与个性特征的剖析，有一些涉及细节的材料还未得到充分的运用。如姜亮夫在《敦煌学概论》的第一讲《我与敦煌学》中开头就强调了"敦煌学之所以吸引了我，与

① 参见高平叔编著《蔡元培年谱》，中华书局，1980年，第103页。

我的兴趣及我的家庭教育和老师教育有关"。文中谈及他受梁启超、章太炎及自己父亲的影响，并说他从事敦煌学，也同自己的"憨脾气"相关①。又如常书鸿在《九十春秋——敦煌五十年》的第一章"人生初途"里述及母校"浙江省立甲种工业学校"（浙大前身之一）的教学对他的影响，书中也提及他于1924年在杭州与同是浙江籍的专家郑振铎的相识，以及1948年在上海、1950年在北京与郑氏因敦煌艺术而交往的情景②。常老生前还曾多次谈到他倔强的"杭铁头"脾气与守护莫高窟的关系。又如赵万里一生撰著中敦煌学方面的内容虽然不多，但他的恩师海宁同乡王国维对他的影响巨大而深刻。1927年王国维自沉去世后，一年间赵万里尽全力编撰了《王静安先生年谱》《王静安先生著述目录》《王观堂先生校本批本书目》《海宁王静安先生遗书》及《王静安先生之考证学》五种著作，还整理出版了王国维的《唐五代二十一家词集》。另外，他所撰写的《唐写本〈文心雕龙〉残卷校记》《魏宗室东阳王荣与敦煌写经》等文章也明显带有王国维的治学风格。赵氏主持北京图书馆善本特藏部工作数十年，馆藏敦煌写本的保管、整理也倾注有他的不少心血。由此我还想到另一位海宁籍的大师张宗祥先生，

---

① 见姜亮夫《敦煌学概论》，云南人民出版社，1999年，第1—4页。
② 参见常书鸿：《九十春秋——敦煌五十年》，浙江大学出版社，1994年。

也任职北京图书馆、浙江图书馆多年，同样与中国敦煌学研究
密不可分。近现代海宁涌现出一批国学功底深厚又有"新学"
造诣的史学、文学、语言学、书画专家，如朱起凤（1874—
1948）、陈乃乾（1896—1971）、宋云彬（1897—1979）^①、蒋
复璁（1898—1990）、吴其昌（1904—1944）、钱君匋（1907—
1998）、徐邦达（1911—2012）等。"海宁与敦煌学"乃至"海
宁学派"，结合海宁文化在中国近代文化史上的地位来考量，
恐怕也是一个颇有特色的研究课题吧。又如王仲荦的夫人郑宜
秀女史在《王仲荦著作集》的"前记"里所指出的，王仲荦先
生"早年师承章太炎先生"，"他在生活中属于那种为人笑容
可掬而又不失头脑的读书人，读书人微笑里含着的睿智与超脱
往往是很动人的，尤其是当这种微笑面对着人事的磨难与困苦
的时候"；他把启蒙老师任堇关于书法"直不挠曲，横不欹
斜"的教诲作为自己治史的主要原则^②。再如我曾经在《读〈蒋
礼鸿集〉的体会》中指出"蒋先生的人格魅力，并不只在于谦
逊，他又同时是一位绝不随俗的学者"，乃至对钱锺书先生劝
他"随和"的赠诗，回报以"与失不恭宁守隘，敢持谔谔配恢

① 著名文史研究大家，曾在中华书局任编辑开创二十四史点校工程的宋云彬系张宗
祥先生姻亲挚友。其曾旧藏黄宾虹91岁时题署之"敦煌隋大业高僧智果功德画"，
可惜"文化大革命"时遭抄家后不知下落。
② 见《王仲荦著作集·敦煌石室地志残卷考释》之"前记"，中华书局，2007年。

恢"的诗句直接表明自己的性格 ①。这里，我还要提及原籍浙江宁波、曾任浙江大学史地系主任、文学院院长的张其昀（1900—1985）与敦煌学的关系：张是我国人文地理学的开创者，对丝路历史地理早就予以关注；1949年赴台后曾主管台湾地区的"教育部"，后在阳明山创办文化大学。在他支持下，著名学者潘重规教授在文化大学设立专门的敦煌学课程，培养了台湾地区一批优秀的敦煌学专家与领军人物，也促进了海峡两岸的学术交流。张氏力主"发扬中华民族精神，探索中华文化渊源，培养新生力量"的办学理念，也与在我国港、台地区开展敦煌学研究关系密切 ②。潘絜兹先生早年曾在敦煌艺术研究所从事壁画临摹、修复工作，作为著名的工笔重彩画家，艺术界对他的绘画创作及古画修复工作多所赞誉，但很少提及他的《敦煌的故事》是最早介绍敦煌艺术的优秀普及读物。该书不仅文字简明生动，配图精要，1956年由中国青年出版社印行，至1985年第5次印刷时，印数已达73700册，与同时期出版的姜亮夫所著《敦煌——伟大的文化宝藏》堪称普及敦煌文化之双璧。我之所以举上述例子，是想说明在对这一辈学术大师的研究中共性与个性的分析的重要性，说明学术渊源与学术品格的至关紧要，同时也想

① 请参见拙著《敦煌学与敦煌文化》，上海古籍出版社，2007年，第205页。
② 2004年笔者曾应聘在中国文化大学担任一学期敦煌学课程的专任教授，曾引导学生认真体会校园里其昀先生墓茔后壁上镌刻的反映其教育理念的文字。

图 9-3 ▶
王伯敏

借以强调学者个人性格与生活"细节"的不可忽视。关注文化普及、人才培养与学术提高的内在联系，可以为丝路文化与敦煌学史提供更加有血有肉的内容。

2013 年以 90 岁高龄去世的王伯敏先生，其实是从第一代向第二代学人过渡时期具有代表性的敦煌艺术专家（图 9-3）。他的《中国绘画史》脱稿于"文化大革命"前夕的 1965 年，正值"四十不惑"的壮年时期，过了 17 年，此书才得以正式出版。这也是中华人民共和国成立后的第一部绘画史著作，虽然不可避免地留下了那个时期的痕迹，但书中提出的一些重要观点至今仍对丝路文化史、敦煌艺术史的研究具有启示意义。如"研究历史的出发点应该是特定的具体事实，应当运用详尽的材料，从大量的事实中形成观点。绘画史的编写，要强调对画家的研究与介绍"，而因民间绘画的史料太缺乏，"一部绘画史，正需要从这些匠师们的功绩中寻找他们的典型材料"，"敦煌莫高窟等处，既是宗教绘画的宝库，也是我国伟大的文化宝藏"，在对宗教画做评价时，要弄清"在现实世界中受苦受压迫的民间画工，当他们去塑造这些神的形象并描绘宗教故事时，他们是怎样对待宗教的"等等①。该书单列"唐代的石窟壁画""唐代的民间绘画"两节，系中国绘画史著作中开创性的论题。王氏早年在上海美专学习油画，曾到北平艺专拜徐悲鸿为师，后又成为黄宾虹的关门弟子，诗、书、画俱佳。他在美术史研究中一直遵循黄宾虹"写史要实，论理要明"的教诲，成为学术转型期浙江学者中独树一帜的敦煌艺术专家。我感觉敦煌学界对他的学术传承、治学特色和相关学术成就的评价，目前还比较薄弱，应该引起足够的重视。

　　出生于 20 世纪三四十年代，从事丝绸之路文化与敦煌学研究的浙江学人，因青少年时期正处于新、旧社会交替的年代，他们的家学与师承关系较为复杂，而治学背景却大多以七八十年代思想解放时期为界相对分为前后两个时期：前期不免受到"以阶级斗争为纲""以论带史"等思想观念及方法论的影响，即便以敦煌文献的整理与释读为主的研究及出土文物介绍也受

---

① 详见王伯敏《中国绘画史·序》，上海美术出版社，1982 年。

到浸染 ①；后期在改革开放的大背景下，成为接收新观念、引进新方法，积极开展对外文化、学术交流的践行者与活跃群体。由于我们的敦煌学、丝路文化研究有近 20 年的停滞期，也因为一些外来因素的影响与刺激 ②，他们普遍有时不我待的紧迫感和奋起直追的精气神。老一代学者身体力行的传帮带，相关文物、文献资料刊布范围的扩大，与国外学界接触的加强，加上自觉弥补不足的努力，使得这批学者不仅有了比较扎实的文献学、语言文学、传统史学等"国学"基础，而且汲取了考古学、宗教学、社会学、艺术史学等新学科知识，拓展了学术视野，更加适应投身"世界学术新潮流"的需求。这些学者五六十年代从高校毕业后，大多数分布在北京、兰州、敦煌、武汉、上海、成都等地高校或研究机构工作，少数留在本省。这也成为推进敦煌学与丝路文化研究在全国崛起并逐渐形成一些人才培养基地的重要因素。特别是 1983 年夏中国敦煌吐鲁番学会宣告成立后，正值壮年的浙江学人也肩负着依据新的学术平台承上启下的学术重任。除了自身的学术研究外，他们将大量精力用在培养与带动出生于五六十年代的青年学者身上，促进了浙江大学、

---

① 这种影响在丝路文物研究上以郭沫若撰写的几篇论述新疆"出土文物"的文章最为典型。这里还涉及长期在新疆从事西域历史文化研究的钱伯泉研究员，这位 20 世纪 60 年代初毕业于北大历史系的优秀的浙籍学者的有关文章亦引起关注与争议。
② 最突出的就是 20 世纪 70 年代末盛传的"敦煌在中国，敦煌学在日本"的断言。

兰州大学、四川大学相应学科基地的培育，也推动了北京、甘肃、新疆三个敦煌学和吐鲁番学资料中心的建设。如曾长期在克孜尔石窟工作的浙籍学者陈世良，则为古龟兹地区文物的保护和研究、为龟兹学的开拓和发展做出了贡献。如今，虽然这些学者大都已从工作单位退休，但依然在勤奋耕耘着自己的学术园地。对他们的研究做总结性的评述，恐怕为时尚早。其中，对常沙娜、樊锦诗、项楚这样在国内外文化学术界有重大影响的浙江学者专家，虽然介绍、评述文章已经不少，但深入探析其学术传承、治学理念、研究方法及特色，显然还很欠缺，正需要在加强资料搜集、整理、分析的基础上开展相关研究。如陈践教授是我母校杭州高级中学的大师姐，她从中央民族学院毕业后，多次深入西藏和甘肃、青海藏区，几十年从事敦煌藏文文献的整理、研究，献身于民族文化教育与汉、藏文化交流的伟大事业。最近读到她的《吐蕃卜辞新探》的"自叙·我与古藏文文献研究"①，文章以平直质朴的语言回顾了她的治学经历与生活道路，六十年艰苦求索的精神令我动容。因她的治学范围，敦煌学界所知有限，其实也应好好研究。除上述常、樊、陈几位，还有从部队转业后再进大学学习、又到敦煌研究院工

---

① 参见陈践编著《吐蕃卜辞新探（敦煌 PT1047+ITJ763 号《羊胛骨卜》研究）》，上海远东出版社，2015 年，第 11—46 页。

作半个多世纪的施萍婷，在中国社会科学院历史研究所以扎实、严谨、勤奋著称、研究成果厚重的吴丽娱，她们作为敦煌学界有代表性的浙籍女性专家，对事业的奉献精神和治学态度，都足为世范，值得褒扬与研究。另外，黄永武教授久居台湾，他对敦煌唐诗的整理研究成绩非凡，他主编的皇皇 140 巨册的《敦煌宝藏》在推进世界敦煌学的发展中功劳卓著。对他的学术成就做深入评析，则寄希望于林聪明、王三庆、郑阿财、朱凤玉教授及他们的出色弟子们。至于对已经逝世的郭在贻、黄时鉴两位教授学术成就做系统总结的任务，则理应责无旁贷地落到他们培养的浙大学子身上。

前述出生于五六十年代的浙江敦煌学、丝路文化研究学者，以及他们所培养的更年轻的学子（这里包括在浙江大学师从敦煌学家并获得硕士、博士学位，后来到其他省市去工作的浙籍与非浙籍学者），是真正担负着继往开来、开拓创新重任的新一代。赵丰与他的团队对敦煌丝绸文物的整理、刊布以及对丝绸工艺、文物复原等方面的探索；张涌泉对敦煌写本文献语言文字的研究；张涌泉、许建平、关长龙等对敦煌文献的分类整理；黄征对敦煌愿文的整理、俗字工具书的编撰；曾良的敦煌文献字词研究；刘进宝的敦煌学术史梳理；余欣对敦煌民生社会宗教史及博物学的探索；张小艳的敦煌社会经济文献词语考释；

窦怀永的敦煌文献避讳研究等等，都在世界敦煌学相关分支领域居于领先地位。写到这里，又想起中国敦煌吐鲁番学会老会长季羡林教授生前曾多次对我说："杭州大学姜亮夫、蒋礼鸿等先生开创的敦煌中古语言研究，具有很强的团队整体实力，在世界敦煌学界具有领先优势。我们一定要巩固这个阵地。"培养新生力量使之成为研究丝路文化与敦煌学的主力军，巩固阵地，发扬优势，开创未来，正是老一辈专家对新一代学人寄予的厚望。今天，浙江大学创建"一带一路"合作与发展协同创新中心，举办"丝路文明传承与发展国际学术研讨会"，浙江大学出版社推出"浙江学者丝路敦煌学术书系"，都是在新的历史条件下迈出的坚实步伐，是实现老一辈专家殷切期望的有力措施。

从"世界丝绸之源"[1]浙江湖州钱山漾遗存的4700多年前的家蚕丝绢实物，到敦煌壁画中千姿百态飞天所着轻通薄透之各色天衣；从新疆尼雅出土的"五星出东方利中国"锦护膊，到杭州中国丝绸博物馆研制复原的历代丝绸精品[2]，启示我们睹物思人，感人念进（图9-4、图9-5、图9-6）。《周易·上经·贲卦》

---

[1] 据新华网消息：2015年6月25日，国务院副秘书长、国务院参事室主任王仲伟向湖州市市长陈伟俊授予"世界丝绸之源"纪念牌。当日，中国湖州钱山漾遗址获"世界丝绸之源"命名仪式在北京举行。
[2] 据赵丰馆长告知，有汉代王侯合昏锦、唐代宝花文锦、辽代雁衔绶带锦、清乾隆八达晕锦等。

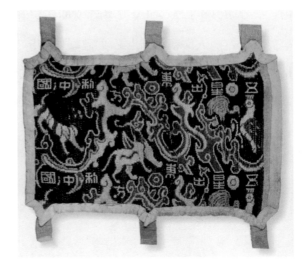

图 9-4 ▶
"五星出东方"
锦护膊

图 9-5 ▶
国丝馆复制的唐代
宝花文锦

图 9-6 ▶
国丝馆复制合昏锦

曰："文明以止，人文也。"物质文明印记着人类前进的足迹，蕴涵着丰富的人文精神，也必须靠人去升华、结晶为精神文明。精彩绝伦、内涵丰富的丝路文化，要靠一代代无私奉献的丝路人物去传承弘扬、发展繁荣，这正是我撰写这篇文章的宗旨。

（原载于《丝路文明的传承与发展》论集，浙江大学出版社，2017 年 9 月）

"敦煌人"

——"莫高精神"的主体

70年来,一代又一代的敦煌人秉承"坚守大漠、甘于奉献、勇于担当、开拓进取"的莫高精神,在极其艰苦的物质生活条件下,在敦煌石窟资料整理和保护修复、敦煌文化艺术研究弘扬、文化旅游开发和遗址管理等方面做了大量工作,取得了不少重要研究成果。

——习近平

　　2019 年 8 月 19 日，习近平总书记在敦煌研究院座谈时的讲话中指出："70 年来，一代又一代的敦煌人秉承'坚守大漠、甘于奉献、勇于担当、开拓进取'的莫高精神，在极其艰苦的物质生活条件下，在敦煌石窟资料整理和保护修复、敦煌文化艺术研究弘扬、文化旅游开发和遗址管理等方面做了大量工作，取得了不少重要研究成果。"这段话明确了秉承"莫高精神"的主体，是"一代又一代的敦煌人"。近 40 年来，由于本人治学的专业需求、爱好与敦煌莫高窟的因缘际会，遂有幸结成了与莫高窟五代"掌门人"及众多"莫高窟人"的缘分，故应敦煌研究院现任院长赵声良研究员之约，撰写这篇短文，略叙我对"敦煌人"的一些感受。

　　70 多年前敦煌艺术研究所的开创者常书鸿先生被誉为"敦煌守护神"，他的事迹为世人瞩目、敬仰，国内外介绍文字甚多，我也曾写过几篇文章论述，此不赘述（图 10-1、图 10-2）。常先生最早是在巴黎塞纳河畔书摊的画册中知道敦煌莫高窟，然

▲ 图 10-1　　　　　▲ 图 10-2
常书鸿先生在写作　　常书鸿与女儿常沙娜合影

后发愿回国来进行这个艺术宝库的保护、研究工作的。近30年来，我赴巴黎进行学术交流十余次，几乎每次都要去看看塞纳河畔的书摊，浏览之际，脑海里往往会涌现出这样的问题：是什么，让这位在西方艺术之都已有成名基础和"资本"的杭州前辈老乡，毅然决然去坚守条件十分艰苦的大漠荒窟？常先生晚年时，我曾多次与他用乡音作短暂的交谈，那时他虽然已经因患病记不清眼前的人与事，却对在莫高窟40年的奋斗经历记忆犹新。记得他在北京寓所对我常说的两句话是："敦煌的画儿是国家和民族的宝贝，我们有责任保护好！""有时间我还是要回敦煌去的！"1983年夏天在兰州的敦煌学术研讨会结束后，我和常老同乘一趟火车去敦煌，看着车窗外闪过的黄沙戈壁，他曾动情地用标准的杭州话跟我说："我老家在山清水秀的西湖边，

▲ 图 10-3

段文杰复原临摹《都督夫人礼佛图》现场

▲ 图 10-4

段文杰临摹《都督夫人礼佛图》

鸣沙山、莫高窟也是我的家，只要到家了我就莫佬佬高兴哦！"
视大漠为家乡，数国宝如家珍，发愿一心坚守，甘于为之奉献
一生，毫不动摇，这正是"莫高精神"的核心啊！

段文杰先生是莫高窟的第二位掌门人、敦煌研究院第一任
院长（图 10-3、图 10-4、图 10-5）。我也曾写过几篇文章谈
及他对我的教诲与启益，称之为"敦煌圣徒"。我感受最深的
就是他对引进敦煌学专业人才以及培养后继人才的热诚与渴求，
这一点，敦煌研究院的中青年同仁们当有许多切身体会。20 世
纪 80 年代初，他主持引进了曾蒙受不公正待遇的李正宇、谭蝉雪、
汪泛舟等几位学者；其时从全国征聘的人员还有郑念祖、梁尉英、

杨汉章等多位学者。1983 年夏，重庆师院历史系罗华庆、四川大学历史系宁强大学毕业后主动到敦煌文物研究所工作，段先生抓住典型，予以鼓励，进行宣传，扩大影响；第二年，赵声良、王惠民、杨森等大学毕业生也进所工作。这些举措，不但迅速提升了研究院学术研究的水平，而且也为院里的年轻人树立了引领者和好榜样。1987 年春末夏初，我和中华书局《文史知识》编辑部的几位同事到敦煌，为与研究院合办"敦煌学专号"组稿，段先生不仅带头为专号撰写了三篇文章，还动员其他研究人员投稿，而且决定加印样刊数量，使这个专号成为当时发行量最多的学术普及刊物。我最近找出了他 1994 年 2 月 6 日给我的信，中心内容是诚恳地邀请我到敦煌研究院担任业务领导，"要把敦煌学研究推上一个新台阶"；当时，他还特意请樊锦诗副院长出差北京时到中华书局来转达他的邀请口信。我知道

图 10-5 ▶
段文杰先生在工作室

段先生也曾向中山大学的姜伯勤和北大的荣新江两位教授发出了同样的邀请。鉴于各种原因，我们都未能满足他的愿望。之后，为了办好《敦煌研究》学术辑刊，他又将赵声良派到书局我负责的《文史知识》编辑部进修了半年多时间，为建设优秀的人才梯队打下了扎实的基础。我清楚地知道，他最大的愿望，就是要把敦煌研究院建成我国乃至世界敦煌学研究当之无愧的一个中心。

樊锦诗研究员是莫高窟的第三位掌门人（图 10-6、图 10-7）。这位北京大学历史系考古专业出身的江南才女，牢记"祖国的需要，就是我们的志愿"这一发自内心的誓言，克服了和夫君、孩子多年多地分居的艰难，坚守莫高窟近 60 年，为敦煌石窟瑰宝的保护及文化艺术的传承、弘扬做出了杰出贡献。记得 1982 年我第一次参观、考察莫高窟，就是樊院长亲自导引、

▲ 图 10-6
樊锦诗先生近影

▲ 图 10-7
樊锦诗在莫高窟讲解（孙志军摄影）

讲解、启蒙的。当我得知她祖籍也是杭州时，不禁暗暗为敦煌与我家乡的历史文化渊源而兴奋不已。后来，因为她是在沪地上学长大的，有记者发表文章称她为"上海的女儿"，却并未得到学界和她本人的首肯，因为她就是"敦煌的女儿"——她把自己最好的青春年华和大半生精力都奉献给了敦煌石窟的保护、研究事业。在和她的多年交往中，我感受最深的就是无论外界环境的顺、逆如何变化（包括旅游氛围、领导旨意、舆论褒贬），她心系敦煌文物保护始终不渝。诚如她在自传《我心归处是敦煌》中所说："此生命定，我就是个莫高窟的守护人。""我感觉自己是长在敦煌这棵大树上的枝条。我离不开敦煌，敦煌也需要我。只有在敦煌，我的心才能安下来。"书中所突显的一颗心、一件事、一辈子，就是热爱祖国文化事业的赤子初心，是保护莫高窟文物的在肩使命。

我和莫高窟第四位掌门人王旭东院长交往的时间并不长。但是，这位在甘肃本土成长，一直默默无闻从事着石窟保护的博士，让我最为钦佩的就是待人宽厚而学问扎实、办事严谨，讲求真干实效。他上任伊始，就一再强调要立足敦煌放眼世界，要促进敦煌文物保护研究工作的国内、国际交流合作，不能满足现状，要有开拓进取之心（图10-8）。凡是年轻学人为提高业务水平想尝试去做的事，他都乐于为他们创造条件，予以扶

▲ 图 10-8
王旭东先生与布朗恩 · 文森
特女士

▲ 图 10-9
柴剑虹与赵声良在新疆苏巴什遗址（2008 年）

持。前几年我和他一道参加敦煌石窟保护研究基金会理事会时，每次听他发表意见，都因他的出于公心、坚持公道而得到启益。他上任后，又勇于大刀阔斧地进行机构改革和人事调整，也特别尊重敦煌研究院已经退休的老专家，认真听取他们的意见和建议。在他担任院长的几年中，敦煌研究院的工作继续脚踏实地向新的台阶迈进。

敦煌研究院新的掌门人赵声良研究员，是北京师范大学中文系我的校友、系友，自 1984 年他本科毕业时因支持他下决心赴敦煌工作而相识至今（图 10-9）。这位云南昭通人和敦煌的因缘，他 36 年间扎根敦煌、勤奋学习和工作的成长经历，虽平凡却动人。对此，他已撰有专书、专文细述，无需我再条分缕析。他在日本以勤工俭学的方式攻读硕、博士学位的几年里，我们曾有多封书信往来，他每封信的中心内容，几乎都是诉说他学成回国后要继续扎根莫高窟、从事敦煌美术研究的决心。事实证明，他出色地实践了自己的诺言。在这里，我只想强调：他对艺术史研究的执着，对敦煌文物的珍惜，对研究院繁杂事务的勇于担当，对宣传、普及敦煌文化艺术工作的热诚，应该成为今天年轻学人仿效的榜样。

三年前，在为纪念段文杰先生百年诞辰举行的国际敦煌学学术研讨会上，我提交了题为《敦煌守护众神与丝路之魂》的文章，特别强调：70年来，一批又一批富有牺牲精神的"莫高窟人"，堪称"敦煌守护众神"，有了他们，才能够将"交流互鉴、交融创新"的丝路之魂演化成有强大生命力的、为当代中国乃至全世界人民造福的精神营养与物质财富。我想起了研究院退休的施萍婷所长写的一篇题为《打不走的"莫高窟人"》的文章。她也是我的浙江老乡，这位前志愿军战士，和她夫君贺世哲归国继续深造后，就一起投身于莫高窟文物的研究事业，倾心奉献，毫不动摇。我也想起了曾或多或少接触过的史苇湘、李其琼、关友惠、孙儒僩、李最雄等研究院多位老专家，他们对敦煌事业的赤诚可感天动地（图10-10、图10-11）。我也回顾了与张先堂、张元林、娄婕、杨富学、李萍、王惠民、王志鹏、

▲ 图 10-10　　　　　　　　　　▲ 图 10-11
史苇湘在莫高窟第 285 窟临摹现场　青年时期的李其琼在临摹壁画

陈菊霞、张小刚、赵晓星、陈海涛等一批中青年同仁相互切磋的难忘事例，他们已成为敦煌学研究开拓创新的生力军。我希望借此说明：从敦煌艺术研究所、敦煌文物研究所到敦煌研究院，70 多年来，一批接着一批奋斗在鸣沙山崖、宕泉河畔的富有自我牺牲精神、舍身求法的仁人志士，众多经受千辛万苦却始终对莫高窟魂牵梦绕、挚爱不渝的"打不走的莫高窟人"，他们堪称创建我国文物保护重镇、护卫"丝路之魂"的"守护众神"；也是弘扬"莫高精神"，夯筑世界敦煌学研究新高地的奠基者，永远值得我们敬仰。

2020 年 3 月 于北京